U0603487

包容性发展

交易成本视角下的促进机制研究

姜雁斌 著

INCLUSIVE DEVELOPMENT

A STUDY OF FACILITATION MECHANISMS FROM THE PERSPECTIVE
OF TRANSACTION COSTS

ZHEJIANG UNIVERSITY PRESS
浙江大学出版社
·杭州·

图书在版编目（CIP）数据

包容性发展:交易成本视角下的促进机制研究／姜雁斌著. —杭州:浙江大学出版社,2023.7
ISBN 978-7-308-23224-1

Ⅰ.①包… Ⅱ.①姜… Ⅲ.①发展经济学－研究
Ⅳ.①F061.3

中国版本图书馆 CIP 数据核字（2022）第 202870 号

包容性发展:交易成本视角下的促进机制研究

姜雁斌　著

责任编辑	陈思佳（chensijia_ruc@163.com）
责任校对	宁　檬
封面设计	雷建军
出版发行	浙江大学出版社
	（杭州市天目山路148号　邮政编码310007）
	（网址：http://www.zjupress.com）
排　　版	杭州星云光电图文制作有限公司
印　　刷	广东虎彩云印刷有限公司绍兴分公司
开　　本	710mm×1000mm　1/16
印　　张	13.25
字　　数	210 千
版 印 次	2023 年 7 月第 1 版　2023 年 7 月第 1 次印刷
书　　号	ISBN 978-7-308-23224-1
定　　价	68.00 元

版权所有 侵权必究　印装差错 负责调换

浙江大学出版社市场运营中心联系方式:0571-88925591;http://zjdxcbs.tmall.com

前　言

　　为理解包容性市场系统的构建机制,本书从包容性发展的相关研究入手,首先解释了包容性发展本身的内涵及理论促进机制;其次解释了为推动包容性市场系统的构建,不同的地区和企业可以如何通过交易成本改变市场系统的支撑结构;最后基于不同地区的包容性市场系统的构建机制,进一步解释了包容性市场系统构建过程中需要哪些核心要素的支撑。

　　本书探究了包容性发展的促进机制和测度方式,并提出,降低进入壁垒、提升个体能力以及进行制度创新是推进系统包容性发展的重要手段,而政府调控和底层群体的自发组织行为是实现包容性市场系统构建的核心。

　　针对这一过程是如何通过合适的传导机制改变市场的包容性的这一问题,本书认为改变交易成本有助于连接宏观政策和微观主体行为,以推动包容性市场系统构建。在政府作为发展环境构建者的情况下,推动系统内高交易成本和低交易成本环境的构建,能够有效地促进社会包容性发展。在对应环境的构建过程中,资产专用性、个体利益和公共利益的权衡、公共资源的耗费、个体收益的确定性是构建经济生产系统的基本准则,即可以通过改变系统内部经济体的单位交易成本来推动包容性市场系统的构建。

　　基于此,本书进一步拓展了交易成本改变和推动包容性市场系统构建的基本原理。基于2009—2011年3年来对4个集群、39家不同类型经济体的一手调研访谈材料,本书利用探索性案例分析方法归纳出了信息对称、信任气氛、资产专用性、交易频率等4个交易成本的主要影响因素,构建了基于区域特性、企业特性、产品特性的交易成本降低模式,为个体最大限度提升单位交易成本的利用效率提供了指引。基于相应的研究材料,本书指出包容性市场系统构建需要在机会、过程和分享3个维度上进行分析。而交易成本的改变主要通过改变市场系统内部的生态导向、竞争力、合法性以及外部特征的显著性来改变市场系统的包容性。

　　本书明确了基于不同地区包容性发展市场系统的构建机制，拓展了包容性市场系统的理论构建方式，借助基于交易成本的包容性市场系统的生态化拓展，指引未来包容性市场系统理论研究发展及体系构建。

目　录

第一章　包容性市场系统发展理论概述　/ 1

第一节　导言　/ 3

第二节　社会排斥视角下的包容性发展促进机制　/ 11

第三节　小结　/ 17

第二章　交易成本对宏观政策和微观主体行为的连接机制　/ 19

第一节　交易成本理论之于包容性发展　/ 21

第二节　交易成本在包容性发展中的角色：制度设计视角　/ 25

第三节　小结　/ 35

第三章　包容性发展实现的市场要素分析　/ 39

第一节　底层市场的交易成本与包容性　/ 41

第二节　案例取样　/ 45

第三节　数据来源　/ 48

第四节　数据分析　/ 51

第五节　交易成本与包容性发展作用机制的改进模型　/ 72

第六节　小结　/ 99

第四章　基于交易成本的包容性市场系统构建的模型拓展　/ 103

　　第一节　生态导向　/ 107

　　第二节　竞争力　/ 114

　　第三节　合法性　/ 120

　　第四节　特性显著性　/ 126

　　第五节　讨论与结论　/ 131

　　第六节　未来研究展望　/ 135

第五章　研究方法及量表构建　/ 139

　　第一节　研究方法　/ 141

　　第二节　变量测度　/ 146

　　第三节　分析方法　/ 156

　　第四节　探索性因子分析　/ 159

　　第五节　验证性因子分析　/ 171

第六章　交易成本对包容性发展促进机制的实证分析　/ 179

　　第一节　变量的描述性统计　/ 181

　　第二节　交易成本对包容性发展的促进机制分析　/ 184

　　第三节　讨论　/ 188

　　第四节　小结　/ 192

第七章　结论与展望　/ 195

　　第一节　主要结论　/ 197

　　第二节　实践启示　/ 200

参考文献　/ 202

第一章

包容性市场系统发展理论概述

第一节　导言

包容性发展的概念源于社会排斥理论和诺贝尔经济学奖得主森（Sen）的福利经济学理论。前者始于 20 世纪 60 年代西方国家对贫困以及剥夺概念的探讨；后者关注个人生存和发展能力，关注公平、正义以及人类福利的增长。森在研究中提出了可行能力理论，即福利水平的高低不是取决于"某个人是不是满意"，也不是取决于"某个人能够支配多少资源"，而是取决于"某个人实际能够做什么或处于什么状态"。因此，该理论的核心是用森的"个人在生活中实现各种有价值的功能（functionings）的实际能力"来评价生活质量。而关于包容性发展研究的兴起主要在 2000 年以后，在 2000 年以前包容性发展的相关研究主要是社会福利、社会排斥、减贫等相关研究，但发现低收入群体的价值，并推动各类大型集团公司将资源投入到发展这类群体所需要的产品中的研究主要来自 Prahalad（2005），其在《哈佛商业评论》（*Harvard Business Review*，*HBR*）上关于这些低收入群体高潜在购买力和潜在客户发展价值的论述为社会公益事业的发展注入了新的认识。

在推动包容性发展概念形成和发展的过程中，亚洲开发银行和世界银行发挥了重要作用。早在 1966 年，亚洲开发银行就提出"要对地球的和谐增长做出贡献"，其后的减贫战略和第二个中期战略（Medium Term Strategy Ⅱ）更将包容性增长作为优先发展战略。提出包容性发展的原因在于，在发展的过程中，很多的市场机会不是平等地分布在市场内部的，市场功能缺失或者本身能力上的差异使得那些弱势的贫困群体无法参与相关市场竞争。在这样的情况下，贫困群体通常并不能像非贫困群体一样获得经济增长带来的资源和机会的分享，当然政策手段可以有效减轻环境限制所带来的影响。亚洲开发银行将包容性发展解释为倡导机会平等的增长，即贫困人口应享有平等的社会经济和政治权利，参与经济增长并做出贡献，并在分享增长成果时不会面临权利缺失、体制障碍和社会歧视（Ali & Hyun, 2007）。世界银行对包容性增长理念的理解集中体现在《世界发展报告2006：公平与发展》中。报告认为，最好的减贫政策需要建立包容性的制度，提供广泛的机会，而不是将增长政策和公平政策割裂开来。因此，从以往关于包容性发展的相关研究定义来看，包容性主要体现为增长的、公平的参与与分享（Ali & Son, 2007）。相关的研究则从减少社会贫困、社会排斥以及社会的不平等角度对包容性增长做了概括（Rauniya & Kanbur, 2010）。与同以往研究最大的差别在于，越来越多的研究认为，包容性发展是一个过程与结果共同作用的过程，即在发展的过程中不仅仅要体现参与能力的提升和参与机会的供给，同时在最终分配中还需要体现出与其付出的劳动对等的收益（见表1-1）。

表1-1　包容性发展的概念

来源	核心	过程/结果	收入/非收入
Rauniya & Kanbur（2010）	减少不平等的增长	结果	收入和非收入
Ali & Son（2007）	非收入层面的益贫性增长	结果	非收入
亚洲开发银行	创造机会并增加机会可得性的增长	过程	收入
世界银行	促进大量就业的增长	过程	收入和非收入

事实上，从本身的价值取向看，包容性发展强调发展过程中机会获取的公平以及参与竞争过程中的公平（Ali & Son, 2007）。公平意味着这些设定的流程以及待执行的流程是：①透明的、有弹性的、可矫正的；②有代表性的，不会对任何一方造成歧视或者偏袒；③严格按照法律、合同条文执行。包容性发展的过程强调透明、互动性，每个个体拥有自由的、平等的参与权，信息知情权，分享权，参与竞争的个体对于参与规则能够获得详细的信息并能与相关方进行持续的互动，参与规则的制定和执行比较严格，并被大多数人所接受。政策制度的公平是包容性发展的制度基础，而竞争过程中对相关制度的有效执行是包容性发展的体现和保障。因此，包容性不仅仅需要体现现实的分享、参与、机会，同时还需要体现社会外部状况、社会公平感知。本书的目的在于理解包容性发展的理论机制和理论基础，以及如何利用公平理论、发展经济学理论，通过政策、体制创新建立包容性发展市场体系。

一、包容性发展构念及其测度

要实现对不同市场包容性的有效测定,首先必须找到能够反映包容性的相关构念,并且依据相关构念构建相应的测度指标。

在2000年以前,关于包容性发展的研究主要是社会福利、社会排斥、减贫等,因此在测度上与现有的测度方式存在一定的差别。如减贫的相关研究主要聚焦于贫困人口的比例以及对于贫困人口相关资源的提供,在这一阶段,主要聚焦于相对静态的测度方式。而随着社会福利理论和社会排斥理论的发展,研究者们开始认识到相对静态的资源供给只能短暂地为个体提供物质基础,只有让个体拥有足够的主动参与生产的能力,才能真正体现社会的进步。在这样的背景下,社会发展不仅仅要体现为社会分配上的资源再分配,同时还要体现对个体参与生产的能力的培养。如世界银行的人类发展指数(human development index,HDI)就是通过反映经济增长的单位资产的收入以及反映国家健康和教育投入水平的受教育比例与预期寿命来反映发展这个指标,这表明对于国家发展水平的测度已经脱离了以收入或者GDP为基本反映单位的时代。

在2000年以后,包容性发展的研究有了更大的突破和进展,对于包容性发展的理解也更加深刻和系统。如Ali & Hyun(2007)认为,包容性发展的最终目的是在经济发展的过程中帮助社会弱势群体获得平等的参与权和平等的收益权。包容性发展本身的最终产出包括4个方面:①可持续的、平等的增长;②社会包容;③为弱势群体(妇女)赋予权力;④安全(Ali & Son,2007)。经济增长在这个过程中被看作包容性发展的必要基础,而为了能够实现最为有效的可持续发展,社会经济的各个产业部门必须有机结合,调动社会各个方面的资源,最大限度地实现资源的有效利用。在这样的背景下,就需要消除社会生产过程中的各类体制性壁垒,增加各个部门参与到各类生产体系中的机会等。要让弱势群体能够拥有发展的权利,就需要社会资源的需求存在非单一性,并且为那些弱势群体提供足够的上升渠道和发展空间,使得他们能够有效积累各类发展资源。而社会安全则主要体现为对于社会经济发展的安全保障(Ali & Hyun,2007)。为了表达这一概念本身的内容,在测度上就需要从3个方面进行表达:首先是提供工作机会以及促进生产力发展;其次是有效地促进社会个体能力的提升;最后是提供足够的社会安全保障和有效的政策干预措施。而在这个过程中,政府、制度被认为是这三者实现的最为重要的基础(Ali & Hyun, 2007)。在这一基础上,Fernando(2008)提出了包容性发展的6个基本方面:一是能够有效地促进贫困人口的有效就业,并且提升他们的生活水平;二是能够提升贫困个体在把握机会上的能力;三是能让贫困个体享受更多的健康服务;四是拥有专门为弱势群体打造的培训项目,以提升他们参与竞争、参与生产的能力;五是拥有良好的管理治理能力;六是为弱势群体提供有效的安全保障。

Rauniyar & Kanbur(2010)在总结前人的研究基础上,认为对于包容性发展本身虽然存在众多定义上的差别,但这些定义在一定程度上是存在共性的,即主要表现在经济、制度以及社会发展3个方面,同时主要聚焦于成长以及机会的均等。在这样的情况下,在测度包容性发展时,应该主要考虑2个方面:一是增长、不公平和贫困的减少。在这个过程中,增长不仅仅意味着经济本身的增长,还需要体现出经济增长中的收益分享,通过经济增长实现贫困的减少。二是降低社会收入的不平衡性。包容性发展本身需要体现出参与生产机会、权利的平等性,只有在公平的生产制度背景下,才可能实现可持续增长;相反地,如果社会不平等程度过高,不仅仅会限制生产机会的获得,还可能导致社会制度崩溃、带来社会冲突等。而将增长置于全球化的背景下,包容性增长还需要体现出地区发展与国家发展之间的平衡。在全球化的背景下,发展不仅仅体现在发达国家和地区的发展上,那些落后的国家和地区也需要有平等的参与机会和发展权利,以及拥有能够抓住这些机会的能力,而经验的研究显示,这可能需要相应的国家和地区拥有必要的政策激励措施、体制与必要的基础设施的支持。

包容性发展还需要体现出机会的平等性和机会的充裕性。这在一定程度上可以通过经济发展程度这一变量来体现(Ali & Son,2007;Fernando,2008),因为经济的发展可能会给弱势群体提供更多的就业和参与生产的机会,而且在经济发展相对较快的阶段,各种类型的产业发展联动将为调动更大范围的闲置资源提供可能。

现有研究认为,机会也可以通过地区内部基础设施的质量来体现。如果一个地区的基础设施质量不符合标准,或者生产所需要的基础设施不足以支撑规划的生产系统,生产所必需的配套资源的运输、获取,资源的培育等所需的交易成本很高。在这样的情况下,国内外的投资机构就不会将相关的资源投入相应的地区,这不仅仅会损失地区经济发展机会,也将直接影响地区内部各类群体的就业和社会福利。事实上,农业以及农业经济的发展是包容性发展的核心之一,因为对于社会发展来讲,大部分的弱势群体主要来自农村。在亚洲的发展中国家,大约有1/3的人口来自农村,他们的生活也主要依靠农业,农村经济的发展将有利于这些群体生活水平的提高,而促进农村经济发展的相关基本要素包括必要的投资、创业激励政策,有效的市场竞争体系,必要的基础设施以联通发展市场(Bolt,2004),以及必要的公共物资和服务如交通基础、灌溉、研发技术支持等(Fernando,2008)。在机会平等上,必要的发展机会以及有效的社会保障体系为社会生产机会的争取提供了可能(Ali & Son,2007)。社会的发展能够减少不平等规则的约束,如赋予妇女等弱势群体相关权利,为弱势群体提供相应的安全保障等,这些将为弱势群体提供争取更好发展机会的可能(Fernando,2008)。在传统的研究主要聚焦于经济发展本身时,相关研究还进一步从社会保障体系上探究社会生产分配系统是否包容。获取公共卫生资源的机会不仅仅可以显示一个国家和地区对于弱势群体权利的保障,还可以体现弱势群体在经济发展中的收益权。

还有一个体现机会的方面是社会制度体制,从体制是否体现社会包容情况和是否赋予个体足够的发展权利来看,社会包容主要体现为消除影响经济发展、个体经济参与的相关体制和政策的壁垒,而赋予权利则是指能够促进个体参与生产的生产设备、能力和资源的供给(Ali & Son,2007)。政策维度的机会层面主要是指个体是否能够有效参与各类政策过程(Fernando,2008),同时,在这样的制度体系下,是不是有利于推进合作伙伴关系的发展,如非政府组织、社会权利组织以及基层的社区组织通过对农村地区的资源分配,以及提升社会透明度、减少社会的腐败等,有效促进社会的公平发展和社会的包容性程度的提升(Fernando,2008)。

随后,相关学者对前期关于包容性发展构念和测度的研究做了进一步的整合与发展,将以下4个方面的指标作为国家包容性发展程度的重要测度。一是经济增长、有效就业以及有效获取相关经济基础设施。经济增长包含了单位资产中国内资产的增长率,工业、农业以及服务业在全部附加值中所占的比重;有效就业包括工业部门中的就业人数、制造业部门中的就业人数、自给自足的个体户和未被雇佣的人数的比例,在贫困线以下的人数的比例;有效获取相关经济基础设施主要体现为获得相关电力设备资源的人口比例,即每100个人中拥有手机的人数。二是贫困、公平以及性别公平。贫困的测度主要指在一个国家法定贫困线下的人口比例,在2005年的等比价格下低于每天2.5美元生活费用的人口的比例;公平主要用基尼系数表征,还有最穷的60%的人口的收入占比、城乡收入差距、主要种族间人口收入差距;性别公平主要从以下几个方面来体现,15—24岁女生识字率和男生识字率的比例、中学的女生和男生的比例、在正规医院生产的孩子的比例、女性在非农部门工作的比例。三是人的能力。这包括5岁以下人口的死亡率、40岁以下人口的死亡率、5岁以下偏轻人口的比例、净小学入学率、净中学入学率、能够获得干净水源的人口的比例、有足够的医疗卫生保障的人口的比例。四是社会安全保障。这主要包括社会保障支出占GDP的比例、参与社会保障的人口占相应群体人口的比例、贫困人口中拥有社会保障的人口的比例、在贫困线以下的人口获得的社会保障资金的数量。在这样的背景下,探究基于个体感知的包容性发展测度指标显得尤为重要。

二、包容性发展促进机制研究

现有研究认为包容性发展的促进机制主要包含:静态和动态两个方面的促进机制。

静态的促进机制主要体现为通过政策,制度、体制的创新实现个体参与壁垒的消除和最终成果分享模式的改变。如 Prahalad（2005）依据对金字塔底端服务企业的分析,认为为促进相关弱势社会群体获取必要的生产、生活资源,可以通过以下 12 个方面的措施推动资源获得能力的升级:第一是改变长久以来的价格和性能的关系,通过降低产品性能,降低产品的价格。第二是在不同的环境下通过混合技术的应用实现产品的开发。第三是大规模生产相关新产品,使得大部分民众能够接触到相关产品。第四是建立环境友好的可持续的发展生产系统,减少资源的耗费。第五是开发能够实现功能替代的产品。第六是工艺创新,降低成本,促进规模化经营。第七是简化生产工艺以使那些未受到高等教育的个体能够参与生产。第八是通过教育相关的客户推动发展新经济增长点。第九是在恶劣的环境下提升设计的可靠性。第十是采用创造性的界面设计,降低技术接入的门槛。第十一是为低成本产品设计新的分销系统。第十二是促进相关利益相关者将生产范式推进到金字塔底端,以实现规模经济和范围经济。而类似地,在亚洲开发银行的相关研究中,政策被认为是推进包容性发展的基础因素（Ali & Son,2007）,通过政策的调节可以实现物理基础设施的投入和发展,通过税收的改变可以引进外部投资,通过实施以市场发展为导向的经济政策可以减少垄断,提升创业者参与相关生产领域的可能。当然,最为直接的实现机制是通过政策的再分配功能实现个体在医疗卫生、安全保障等方面生活必需资源的获取（Ali & Son,2007；Fernando,2008；Rauniyar & Kanbur,2010）。这一方面的研究主要强调外部客观体制和政策设计对于包容性发展的推动性作用。

另外,相关的学者也从长期的动态的发展环节对包容性发展的促进机制进行分析,所谓动态的发展即弱势群体在这个过程中具有独立参与生产的能力。如关于中国包容性发展的研究就聚焦于如何推动社会经济发展的实践,尤其是如何实现农村经济的发展,以及弱势群体是如何有效参与经济生产的。从整体发展看,这是农村主动工业化的过程。该过程创造了大量的就业机会和创业机会,同时促进了地区内部的收入、社会福利不断提升。发展的实现机制分析表明,降低生产进入壁垒是一种动态作用方法,如通过建立地区产业集群构建区域品牌，提升地区的知名度，通过地区集体品牌的推广实现区域内部福利的最大化（Long & Zhang,2011），在亲戚朋友间建立商业网络以降低小企业贷款的获取成本，以及通过专业化分工的方式实现单位产品生产成本的降低，降低投入资本的风险（Ruan & Zhang,2008；Long & Zhang,2011；Fleisher et al.,2010），在地区生产集群内部建立专业的市场以吸引外来的资源供应商和采购商，降低偏远地区小企业小规模生产的采购和销售成本，提升产品生产和采购过程中的规模性（Long & Zhang,2011；Fleisher et al.,2010），通过专业化的分工降低产品生产的复杂性以及提升生产所需要的技能（Ruan & Zhang,2008）。动态发展的研究主要聚焦于个体能力的培养，如教育资源的投入、针对弱势群体的生产培训等（Ali & Son,2007；Fernando,2008；Rauniyar & Kanbur,2010），这些都是能够有效促进个体参与到生产系统中去和发挥个体能力的有效手段。

在这样的背景下，动态的包容性发展促进手段主要是降低生产进入的壁垒以及提升个体的能力，而静态的包容性发展手段主要依赖于降低社会福利资源的获取壁垒以及政策设计下的再分配。在这样的情况下，壁垒的降低、能力的提升以及政策制度的设计被认为是促进包容性发展的主要方法。现有研究的最大问题在于针对某些发展现象做了很好的解释，但未能有效地实现相关解释机制的串联，未能用统一的理论体系解释这些现象发生的本质，而本书的目的就是构建更加统一的理论体系以解释相关现象的发生机制。

第二节　社会排斥视角下的包容性发展促进机制

一、社会排斥的形成

从本书对于社会包容性发展促进机制研究的总结以及社会排斥的形成机理看,客观体制,包括正式、非正式的政策制度及外部的客观环境(如基础设施等)和经济体主观能力,是经济体参与社会生产的主要障碍。在这里,经济体包括个体及个体创业而建立的企业。提升包容性的方法可以归结为客观方面的制度创新、降低进入壁垒以及提升参与主体的能力。在这里,体制性排斥主要指即使个体具有相关能力也仍然会受到生产系统的限制,而能力性排斥则是能力不足导致的政策、规章制度限制(见表1-2)。

表1-2　企业层面排斥对应的表现、成因及其解决方法

维度	客观体制性排斥表现	客观体制性排斥解决方法	主观能力性排斥表现	主观能力性排斥解决方法
生产资源机会	管制性壁垒,如国家对银行、石油等垄断行业民营企业的进入管制(Bain,1956)	制度创新,如合资企业的建立	机器能力方面的壁垒,如专用生产设备的缺乏(Wernerfelt,1984)	降低个体整体投入成本,如公共租赁
	地理专用性壁垒,如海产品的生产养殖只能在沿海地区进行(Anand & Delios, 1997;Menz & Knioscheer, 1981)	技术创新,如在内陆地区建造类似海洋环境的生产基地	规模性壁垒,如规模化生产的低成本优势(Bain, 1956)	降低个体成本,如专业化分工以发挥人力成本优势
	政策性限制,如未得到技术知识产权、专利的授权不能进行生产(Makadok, 2001)	研发资源投入,以培养能力、寻求替代技术	组织规章性排斥,如民营企业获取资金、借贷相对困难	制度创新,如网络联保、产业链融资等

续表

维度	客观体制性排斥表现	客观体制性排斥解决方法	主观能力性排斥表现	主观能力性排斥解决方法
参与	管制性政策排斥，如民营企业无法直接获得垄断性国有企业所拥有的政策指导信息或生产资源	N/A	经验性壁垒，如产品最优化生产、市场需求上的积累（Wernerfelt, 1984; Arthur & Huntley, 2005）	降低个体成本，如专业化分工以发挥人力资本优势
	非正式制度的顾客忠诚，如原材料供应商与现有供应商的长期稳定合作（Wernerfelt, 1984）	降低成本，如开发替代品或者转型进入相对成熟的行业	技术性壁垒，如利用先进技术的高生产率设备代替人力进行生产（Wernerfelt, 1984）	降低个体成本，如专业化分工以发挥人力资本优势
	地理、基础设施性排斥，如偏远地区或者通信欠发达地区企业难以获取必要的市场信息或销售产品时成本更高（Key & Runsten, 1999）	基础设施建设投入，如建设公路	资源性壁垒，如有限的营销渠道被大型企业所控制（Granovetter, 1985）	降低交易成本，通过资源的投入增加渠道等有限资源的供给如建立信息技术平台
分享	政策性排斥，如国内企业无法获得外资投资企业的税收优惠政策（Aitken & Harrison, 1999）	制度创新，如建立合资型企业	议价能力的缺乏使得收益被大型企业剥削（Inkpen & Beamish, 1997）	核心能力的培养、议价能力的提升，如建立代言团体（行业协会）
	政策性排斥，如专利费用（Makadok, 2001）	核心能力培养、相关领域的专利申请		

（一）排斥机制

如果个体希望通过建立企业的方式进入生产领域，那么其受到的进入壁垒形式上会同以个体形式参与到经济发展中有很大的不同。如在机会限制上，个体可能面临的是基础知识能力上的问题，而对于新创企业来说，内外部资源、管制制度、现有在位企业的优势则成为主要的限制。而在参与过程中，企业面临的则是同行业企业的竞争，可能会受到顾客、经验、技术等多方面在位企业优势的影响（Wernerfelt, 1984）。

对新创企业来说，进入和参与壁垒可能包括管制性壁垒、规模性壁垒、成本性壁垒（Bain, 1956）、资源性壁垒以及在位企业所拥有的顾客忠诚、经验、技术上的优势(Wernerfelt，1984)。客观来讲，企业参与机会的获取限制主要来自管制性制度以及地理上的限制，如在中国未允许市场经济发展的年代，民营企业不具备自由生产的权利，而即使在今天，仍有很多垄断性的行业如电信等禁止民营企业进入。当然，除了这些制度性的限制以外，客观的外在限制还可能包括地理因素(Peace，2001)，如偏远地区通信设施的缺乏使得这些地区无法进行网络交易等。当然这种地理性的限制也是形成竞争参与限制的主要因素，如偏远地区企业的产品运输成本、原材料获取成本等比交通便利地区高得多。对于参与过程，在很多时候非正式的规则也会形成对企业的排斥，如国有企业能顺利地获得那些民营企业所不能获得的相关政策指导信息。必然地，体制性因素也是影响企业成果分享的重要原因，如20世纪80年代出现的挂户制度，就是改变民营经济收益的重要手段(史晋川等，2001)。再如专利制度的应用，也是企业享受垄断利润的重要手段(Makadok，2001)。对企业来说，能力的缺乏主要表现在拥有资源的程度，而能力的缺乏也是企业被生产系统排斥的重要原因。例如，企业机器能力的缺乏是进入生产领域的首要壁垒(Wernerfelt，1984)，尤其是专用性设备的缺乏。如对黄岩地区模具生产企业的调研表明，大部分手工作坊是没有能力购买大型模具生产设备的，它们通常通过租赁大型企业闲置的设备进行生产。当然，由于核心技术设备不完善，部分小型企业在议价能力上可能存在缺陷①，因此在利益分享上受到大型企业的压榨也是不可避免的。对在位企业来说，技术、经验以及渠道的缺乏也将导致其生存空间在竞争中被原有大型企业挤压，如大型企业通常占有产品销售的主要渠道，对小企业来说，销售渠道的限制通常会形成很大的生存限制。再如从经验曲线分析，通常在位时间较长的企业拥有相对较好的生产能力，企业的产品成本会比新进企业低，进而挤压新进企业的生存空间。

　　显然，客观体制限制和主观能力缺失是限制客体进入社会生产系统的主要因素，因此，我们可以按照图1-1给出的模式将社会排斥形成原因按照进入生产系统的过程以及客体和主体因素的原因划分为四个象限，在这四

---

①部分企业主要通过地方关系网络的应用，尤其是亲戚网络的应用，降低这种议价缺陷，从而获得较高的收益。

图 1-1　排斥产生的原因

资料来源:IDRC 项目讨论会。

个象限当中,象限 1 表示主体存在相关能力,但体制限制使得个体难以获得相关经济生产的资源或者机会,无法参与经济生产,如改革开放初期,我国民营经济的发展被界定为非合法。象限 3 表示在制度开放的条件下由能力限制导致的资源获取参与生产机会的缺乏,如个体由于生产技能的欠缺或身体残障的问题,无法被相关企业雇佣,或者企业由于缺乏生产专用设备而无法进行生产,以及低学历群体由于个体能力上的缺乏而难以进入高知识密集度的行业中去。象限 2 则表示个体具备相应的能力但由于体制的限制无法加入相关经济利益分享中去,如中国国内的企业不能享受外资企业的税收优惠。象限 4 则表示在体制开放的条件下,个体的能力差距带来的在产出分配上的不公平和排斥,如低学历弱势群体缺乏发言权,在经济增长中工资增长过慢,无法参与到经济建设和成果的共享中去。

(二)提升包容性的基本手段

针对体制和能力上对个体参与机会获取、参与过程以及产出分配过程中的排斥和不公平,有效推进个体参与经济生产系统的手段主要体现在以下三个方面。

第一,对应于象限 1,个体具备能力,但体制不允许。此时在机会获取和参与的过程中,个体能力确定,应降低外部的政策性壁垒或者市场性壁垒,即图 1-2 中将个体能力要求的壁垒 AD 降至 BC,如通过对偏远地区公共基础设施如电信网络设备的建设,使得这些偏远地区的人能利用网络进行交易。第二,对应于象限 3,个体缺乏能力导致在既定的规章制度下被排斥。在机会获取和参与的过程中,在既定的制度条件下,可以通过提升个体的能力,

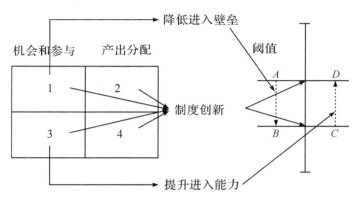

图 1-2　提升包容性的理论方法

使得其有能力参与到生产系统中去,即将个体能力从 *BC* 提升至 *AD*。但在这个过程中由于被排斥群体处于弱势地位,在资源和能力基础上存在一定的缺陷,因此在发展过程中也需要投入公用资源以实现这些被排斥群体的能力提升。如我国政府建立农技推广专业培训班,有效推动了农民在专业种植领域的技术培养,使得农民能够参与到具有高附加值的产品生产中去。第三,制度创新,包含以下四种情形。对应于象限 1,个体有能力,但制度不允许,如 20 世纪 80 年代,民营经济被认为是不合法的,而温州地区通过"挂户"制度实现经营许可,以及民营企业华立集团为进入能源行业与中石油合资开发燃料乙醇项目。对应于象限 3,个体缺乏能力导致在既定的规章制度下被排斥,如针对中小企业的银行抵押贷款问题,网络联保、产业链融资等制度创新是有效的解决方式,再如生产流程的创新和产品的专业化分工,可以大大降低产品生产的技术和资金要求,有力地推动温州地区个体劳动力创业能力的提升。对应于象限 2,个体有能力但无法进入社会分享系统。如针对早期中国对外国投资企业的税收优惠政策,合资等新型组织模式的建立被认为是有效的应对手段。对应于象限 4,制度允许但个体缺乏能力进行有效分享。如个体难以通过种植经营性产品实现收入的增长,而农村合作社通过整合弱势群体,提升了农民的议价能力,大幅提升了个体分享经济增长收益的能力(黄祖辉等,2009)。

（三）融入机制

在既定制度形成排斥的情况下,首先,可以通过降低社会生产系统参与壁垒,提升个体的社会福利分享能力,如国家放开汽车业管制性制度。其次,进行制度创新,如在民营经济不允许的领域,通过与国有企业进行依附性合资实现进入壁垒的突破,如民营企业华立集团与中石油合资开发燃料乙醇项目。

在外部制度开放的条件下,个体能力缺乏可能导致个体无法加入生产系统。如生产电子芯片的企业由于经验及技术的缺乏,难以进入相关的生产领域。在这种情况下,可以通过人才引进、设备购置的方式培养自身的技术能力来解决,还可以选择生产系统、生产模式的创新,如形成集群,以消除个体创业中企业可能面临的机器能力壁垒、资本壁垒以及规模壁垒。产业集群的形成在中小企业消除资本壁垒上起了关键性作用。在一个产业集群内,整个生产流程被分解成许多相对独立的部分,每个生产单元参与生产需要的投资大大减少,使拥有有限资金的企业家能够选择相应的分工类型去生产,并将农村或者偏远地区的资源有效整合利用起来(Schmitz & Nadvi, 1999;阮建青等, 2007);这种专业化的分工进一步降低了生产过程对专用设备的要求,大大降低了生产单个产品的技术复杂度,使得家庭作坊式的生产方式也具有很强的竞争力。同时,在产业集群内,企业家可以通过社会网络获得非正规的金融支持,或从上下游企业获得信用融资。企业之间并不需要现场的交易,很多时候可以通过先卖后付的方式实现持续生产,减少了对日常运营资金的需求(郭斌和刘曼路,2002;阮建青等,2007)。而集群内部伴生的各种配套的互补性资源(Porter,2000),使集群内部的企业在资源获取的成本上比远离集群独立存在的企业具有一定的优势(Porter,2000)。如产业集群内部通常伴生相应的专业市场及多种类型的原材料供应商,这对于交通相对闭塞、信息通信相对落后的地区形成有效的生产力有重要的基础性价值。以温州市的情形为例,我们不难想象产业集群内部的专业市场对于推动偏远落后地区发展的作用,尤其是专业市场在一定程度上实现了销售渠道、资源获取渠道等高成本耗费资源的共享。改革开放初期,10万名销售大军虽然在如今已经随着交通基础提升、信息通信能力的改变而转型,但专业化分工下的高度参与无疑是实现社会发展中成果分享的有效手段。

当然,集群化分工本身也存在不利的因素,如在一个产业集群内,分工越细,往往协调成本也越高(Becker & Murphy,1992),但相对于集群本身的内含价值以及私人网络在利益网络中的延伸,这种成本并不会形成直接的进入限制,尤其是第三方中介组织行业协会的出现,在一定程度上解决了企业间、政企间的协调问题(Bougrain & Haudeville,2002)。进一步,在信息通信极其发达的时代,提供信息服务的网络平台为企业的发展提供了专业化的营销渠道,无限制的外部信息渠道给中小企业获取必要信息提供了额外的手段(Wolpert,2002),与传统的卖场相比,企业进行生产所必需的资本也会大大减少。在这里,市场化与内部化解释了大部分企业或者个体参与生产实践的可能性。

第三节　小结

虽然包容性发展涉及面较广,但在理论上主要有两个研究角度,即静态的视角和动态的视角。静态的视角主要关注底层民众(如我们常说的弱势群体)如何合理分享经济发展的成果,主要从提供更合理的分配政策入手,使他们能够更为公平地参与发展利益的分配。而动态视角的核心就在于如何提升被排斥社会群体和欠发达经济区域的能力与参与主流经济发展的机会。从长远发展看,动态的视角更为重要,它表现在一方面如何增强底层民众的工作和创新能力,另一方面如何破除阻碍他们参与主流发展的壁垒。本书的分析关键在于理解了包容性发展的促进机制,而这一促进机制的形成将为寻找更加有效的实践理论提供基础指导。

本书提供了三种方式以推动包容性发展,即壁垒降低、能力构建以及制度创新。在壁垒降低方面,一个有效的可以结合的研究问题是如何通过有效降低不同形式的交易成本来降低壁垒。传统的研究主要聚焦于企业、产品或者区域内部某个层面的交易成本的形成,如果在理论上能够将这些不同层面的交易成本有效整合,就能够有效推动交易成本理论的拓展,同时也能够带动基于交易成本理论的包容性发展理论的构建。在能力构建方面，关键在于推动传帮带系统结构的建立，以强化经验的规范化积累和传承。在制度创新方面，现有的制度系统研究主要分析一个有效的制度框架是如何被不断复制以及构建的，但对于包容性发展制度形态而言，这类研究仍然是缺乏的。如果能够从政府合法性理论以及包容性发展基本原则的角度进行拓展分析，就能够有效推动制度设定的框架系统的构建，这对于包容性发展过程中体现政府角色、有效结合政府和企业能力具有重要的现实价值。

第二章

交易成本对宏观政策和微观
主体行为的连接机制

第一节　交易成本理论之于包容性发展

一、为什么选择交易成本

经济关系是最基本的关系之一,所有的经济活动都是基于资源的生产、分配和利用,经济关系的基础则是交易行为,而经济调控的本质在于改变个体单位交易成本的利用效率。所有资源的获取和能力的培养都可以通过市场的持续投入来实现,因为在资源观理论中,企业资源是企业控制的所有资产、能力、组织过程、企业特质、信息、知识等,是企业为了提升自身的效益和效率而创造并实施战略的基础。因此,问题的关键在于:如果企业要参与生产活动,那么其是否具备相应的资源或者能力? 如果没有,那么这个企业是否有足够的资源来获得生产活动所需要的资源? 因此,对于一个需要参与生产的企业来说①,其拥有资源的数量在很大程度上决定了其是否能真正地参与生产或者获得参与生产的机会。

当我们说改变个体单位交易成本利用效率是经济调控的基本手段的时候,我们所有的讨论前提是企业或者个体参与经济生产不会受到管制性制度的限制。经济性壁垒和政策制度(管制性壁垒)是主要的进入壁垒②。基础设施的欠缺通常意味着经济资源的投入,正如对于被排斥的群体来说,基础的制造能力是最为缺乏的,这种最原始的表现形式为机器设备等初级生

---

① 这种现象在发展中国家以及转型经济体中是最明显的,其通常缺乏有效的专利系统,创新能力并不会起决定性的作用。

② 在政策开放的情况下,Bain(1956)指出,除规模性壁垒、产品差异性壁垒以及绝对成本壁垒外,当需要大量创业投资时,资本市场的不完善也有可能阻止外来者进入。不过,现有研究对此仍有争论,如Stigler(1968)和Demsetz(1982)等认为除了绝对成本以外,其他都不构成进入障碍。而企业形成在位资源优势壁垒的因素包括能力、顾客忠诚、经验、技术先进性(Wernerfelt,1984)以及可能的区位优势,而在政策不开放的情况下,需要首先考虑突破政策约束。不过对于被排斥的群体而言,进入后基础的生产能力以及进入前启动资源的短缺都会是他们首先面临的问题。

产材料的缺乏，在专业化分工非常细化的劳动密集型产业集群内，技术性的限制并不突出。在这种情况下，尤其是在成熟的产业内，资源的持续投入能很顺利地解决基础能力的相关问题（Porter，1980；Barney，1989；Makadok，2001）。当然，制度性的限制也是很重要的排斥性原因，而这恰好是经济调控的本质手段，即政策调控的核心是改变个体单位成本的利用效率。比如，中国的民营企业在20世纪80年代左右是不具有合法生产地位的，这种政策性壁垒不是通过经济交易就能改变的。认识及意识形态上的限制导致了这种壁垒的形成，虽然最终经济的实践和制度的创新让我们认识到民营企业的发展是经济发展建设的重要补充，但经济交易并不能直接解决这一壁垒问题（汪伟和史晋川，2005）。对吉利集团发展的案例研究表明，在政策性壁垒限制的情况下，壁垒的突破有赖于政治型企业家能力的培养及地方政府的庇护。如在中央政府给地方分权后，中国的地方政府表现出致力于培育本地新企业的倾向，在对待本地区经济增长主要支撑力量之一的民营企业的成长问题上，作为具有独立利益取向的地方政府很可能扮演了帮助本地民营企业突破中央政府管制性壁垒的角色。又如在医药行业，生产许可证的获得是非常重要的，我们调研的一家医药企业提到产品的生产受到国家严格控制：没有国家的批文，就不能生产相应的产品[1]。

　　在基础能力可以由资源持续投入培养，改变外部调控政策能改变个体单位交易成本利用效率以实现调控的基本目的的情况下，交易成本既能体现为进入壁垒，也能体现为政策调控手段。长期来看，交易成本也能实现个体能力的改变，对于提升包容性中的价值和角色不言而喻。在这样的情况下，提升包容性最基本的手段主要有两大类[2]：一是在政策允许的条件下，提高个体单位交易成本的使用效率，如减少资源获取过程中的消耗或参与生产所需要的最低资源需求，或者通过公共资源的供给，降低进行、参与生产

---

[1]当然，我们认为对医药行业的严格控制是必要的，这对于国家民生、人民健康是非常关键的。

[2]政策性工具的获取对于缺乏话语权的小利益群体似乎显得遥不可及，对于这些弱势群体来说，在既定的政策框架下活动显得更为现实。同时，由于基础能力可以通过资源的持续投入获得，所以长期来看，能力提升的基础也在于降低资源获取的壁垒。

所消耗的交易成本①,在个体投入有限资源的情况下最大化个体自身能力的效用。在管制性政策(非经济因素影响导向下的政策)下,利用政策工具,通过调节政策或者改变政策的限制,提升各类群体参与生产、分配的公平性及个体生产和收益分配能力(Diamond & Mirrlees,1971)。但政策性工具本身存在的问题在于其结果的难以预知性,影响的广泛性、系统性、持续性,以及弱势群体话语权的缺乏性(Lipton,1977)。

所谓难以预知性指政策性工具本身的作用必然是有利有弊的,必然会对不同的利益群体产生不同的影响,尤其是理想状态和现实状态可能存在的差异。如税收政策降低了中小企业的税率,对于中小企业来说是有利的,但税收的减少使得地区公共基础设施建设无法获得足够的资金,这对于区域内部物流、人民生活质量等都会产生负面的影响,其最终的影响是具有不确定性的,其实这也就意味着一项政策实行的效果需要较长的时间来检验,短期内的效果很可能只是表面的。

影响的广泛性、系统性与政策本身的特性相关,政策是政府具有法律效力的文件,存在于这个社会经济关系中的行为体都必须遵守,以实现其持续的生产活动,同时经济体作为一个动态系统,很可能会牵一发而动全身。影响的持续性是指一旦一项政策出台,那么为了适应这项政策,这个系统会进行持续的调整,并且只要这项政策存在,系统内的个体就不得不去适应这一政策,而难以改变这一政策。

弱势群体的话语权缺乏则是显著的现象。发展中国家在发展过程中对农村、农业的政策性歧视被认为是城市阶层在政治上具有强大的影响力和话语权的体现。因此,政策性的思考通常源自上层建筑或者涉及战略性的思考,同时具有很强的复杂性,并且鉴于其广泛的、持续的和不确定的影响,政策的出台显得相对谨慎,此时政策的稳定性显得更加重要。相反地,基于资源交易成本的思考则更加接近现实的执行层,个体本身的行为也能直接触发交易成本的改变,这主要与交易成本的来源相关,交易成本的产生主要

①如对新建企业的免税政策。

是现实经济关系产生的结果,市场的规律是最基本的规律,并且这种规律很容易在短期内由于交易基础的改变而改变,通常来讲,这种规律具有更强的可执行性以及时效性。因此通过交易成本,我们主要聚焦于消除象限 1 和 2 中由基础设施带来的限制,以及象限 3 和 4 中能力性的限制(见图 2-1)。

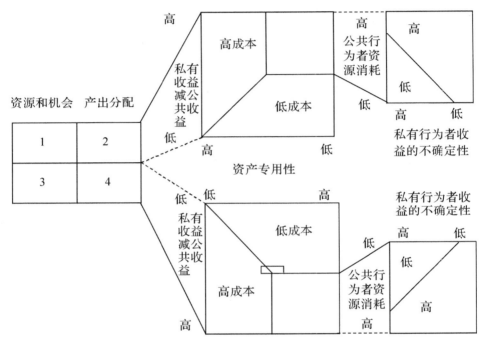

图 2-1 促进包容性发展的交易成本环境

基于我们的理解,所有的能利用的资源投入、交换等基于经济关系得以解决的问题都是基于交易成本的①,那么,解决这类问题或者复制这类问题的解决方案,我们首要考虑的将是改变个体参与生产和获取生产机会所需要的交易成本,改变个体单位交易成本的效率。因为政策性影响有其特殊性,尤其是和特定的经济基础、政治环境相联系,难以在不同的地方和时间段内进行相互的复制,而经济规律则具有一定的规律性,交易成本作为企业存在的基础理论解释,业已被广泛认同。Williamson(1985)提出的三分法已

---

① 交易成本包括在获得资源要素之前投入的,以了解资源信息的成本以及获得这一资源的产权而投入的耗费(North,1990)。

被广泛认可,交易成本在生产实践领域的适用性毋庸置疑。问题的关键在于:交易成本的作用机制有何规律性? 在放开政策管制的情况下,如何实现对交易成本的有效调控以推进经济系统的包容性发展?

第二节 交易成本在包容性发展中的角色:制度设计视角

科斯指出,所谓的科斯定理在很大程度上被大家误解了,他所阐释以及希望建立的并不是一个零交易成本的市场。即使交易成本的存在会使经济过程产生摩擦,影响经济绩效,但在他看来,社会福利的增长仍然建立在一个正交易成本的体系中(King,2007)。

通常,交易成本由搜寻成本、议价成本以及监督合同执行的成本三部分组成。而这些成本将直接对社会交换的组织形式及其对社会福利的影响产生影响(Williamson,1985)。事实上,如果单单从最终创造的社会福利角度来讲,或者不考虑社会内部的固有壁垒以及利益相关者间的结构关系,低交易成本能够最大化社会福利。但正的交易成本似乎更能带来社会福利的提升(Coase,1991;King,2007)。King(2007)指出,在某些情况下,较高的交易成本会更有利于社会福利的持续增长。当交易双方面临两个备选方案的时候,如果第一个备选方案相比于第二个备选方案能在耗费更少资源的情况下获得更多外部收益,同时提升交易双方的交易成本,获得一个双赢的结果是最大化社会福利的有效手段。如环境保护组织绿色和平(Green Peace)获取了碳氢制冷技术,并将这一技术转让给德国公司福隆(Foron),绿色和平希望该企业能够开辟新的生产系统以生产无氟的制冷冰箱(King,2007)。又如国际投资组织(Conservation International)投入了大量资金培训咖啡种植户以生产一种"遮阴生产"咖啡("shade-grown"coffee),而这项投资使得星巴克开辟了一条新的专门用于生产"遮阴生产"咖啡的生产线并且有了稳定的货源。但是,从社会福利创造的过程和分享的过程来看,尤其是当我们先将弱势群体融入生产参与分享过程纳入考虑，再来看社会福利创造过程的时候，情况似乎有所不同，事实上很少有研究对此过程进行深入研究。但这一主题对于构建一个和谐发展的包容性社会尤为重要。福利增长固然重要，但当参与劳动和生产被看作个人获得尊严与必要权利的时候，福利的创造和分享的过程能否被社会群体公平地参与才真正体现一个最佳效用社会的价值。无所谓是非对错，借鉴以往的研究，本书希望借助对包容性发展以及对交易成本福利创造机制的理解，构建一个基于交易成本情境的包容性发展促进框架，可以在不同的情境下使用交易成本以提升社会的包容性。只要明确并构建出合理的交易成本情境，就不仅仅会推动社会福利的增长，也将推动社会包容度的进一步提升。

本书主要考虑以下四方面的因素：第一，资产专用性，主要指地理性、物质性、人力性以及关系性资产专用性。其中，地理性资产专用性可以带来运输、仓储上的成本优势，但具有一定的公共品属性；物质性资产专用性能够提升企业专业化、差异化生产能力以及产品的质量；人力性资产专用性能够提升交流的效率，降低交流错误的可能，增加产品进入市场的时间；关系性资产专用性能够带来专用性的信息，改变企业和企业之间的治理结构，提升个体对于外部环境变化的反应速度。第二，个体利益和公共利益的权衡。第三，公共资源的耗费。第四，个体收益的确定性。

一、高交易成本和低交易成本的环境

（一）制度

好的制度可以减少社会摩擦，降低企业的交易成本；坏的制度会增加社会摩擦，增加企业的交易成本。然而，并非所有的摩擦都会对社会福利产生负面影响。系统存在本身的缺陷及人的理性限制，系统及政策制定的过程也难免存在缺陷，这使得个体难以参与系统生产过程。考虑这样一个现实情境，在 20 世纪 80 年代，中国私营经济未全面放开，民营经济的发展受到意识形态的约束，被中央政府严格控制。如科斯所言，公司以及利益相关者之间互利互惠的交易来往能够提升社会的福利。但在现实中，为什么仍然会存在这么多的问题? 他认为,这些问题的源头在于交易成本。在科斯早期的设定下,交易前的约束设定能最大化地降低未来的交易成本。在这种情况下,从中国改革开放后的经济发展历史可以看到,为了消除当时经济和政策环境对民营经济的负面影响,出现了两类可行的解决方案。其一是家庭企业采取挂户经营①的方式,即通过挂靠集体企业来谋求生存和发展。在挂户经营的情况下,集体所有制企业只是挂户的外壳或外衣,实际上是个人出资兴办,自负盈亏。但要为其"外衣"或"外壳"支付 0.5% ~ 1.0% 的管理费。家庭企业利用这种方式获得了集体经济性质的身份,减轻了所有制的歧视压力。其二则是家庭企业将资金、技术、信息、劳动力等生存要素联合起来,通过组建具有集体性质的股份合作制企业,推动企业规模的扩大和民营经济的发展。

正如科斯所说,当公司不得不投入大量的资源以减少外部环境的影响的时候,其后期的交易成本变得更高。还有一个由系统本身的缺陷所导致的问题:偏远地区的基础设施缺乏,导致这一地区企业获取相关生产资源或竞争能力上的缺陷。通常相对简单的做法是政府从银行贷款,修建公路等基础设施,然后用未来这一地区经济发展后带来的税收和养路费等向银行还款。可能会出现的问题有,由于地区经济发展刚刚起步,非正式的小企业通常不去登记,逃税、漏税的情况会经常出现,地区政府可能无法获得足够的资金在规定的还款年限内向银行偿还贷款,也可能由于地方经济快速发展,政府基础设施投资再次出现巨大瓶颈,政府没有足够的意愿向银行还款。在这两种情况下,政府和银行的投资都形成了"敲竹杠"行为(hold up

①挂户经营可以分为松散型和紧密型(史晋川等,2001)。所谓松散型挂户,就是被挂户企业对挂户者提供"三借"服务,即出借介绍信、合同书、银行账户,仅向挂靠者提供公章、合同书、介绍信、统一发票的使用权,同时代缴相关税款,除此之外,不提供任何税款,当然也不承担挂靠者的经济纠纷和经济责任,挂靠者则按营业额的一定比例或挂靠时间向其缴纳一定的管理费。这种挂靠称为虚挂。紧密型挂户就是挂户企业不仅向挂靠者提供三借、四代(代开统一发票、代为建账记账、代缴国家税款、代交集体提留)服务,还向其提供生产经营信息、技术服务,甚至还提供设备、原材料,并且对所有挂靠户进行统一资源调度、公共事业规划兴办、产品检验、行政领导和经济管理,协助其解决经济纠纷,在资金调度和对外联系经济业务方面也发挥较强的功能,这种挂户经营已经十分类似集团公司模式。

problems），地区可能面临发展可持续性的问题。

一种可行的解决方案是寻求合作人，建立合同联盟，将风险与其他利益相关者绑定。如由于高价车（200万元以上的车）的相关车险费用相对较高，单个公司通常不做相关的保险。通常的做法是几个保险公司联合推出高价车的保险，保险公司之间建立合同联盟，实现对相关市场的突破。

另一种可行的解决方案是政府将这些基础设施的成本通过隐性的方式回收。如调高工业用电的价格或者对用电实行差价处理，将基础设施建设的成本融入电力成本，其可行性在于企业只要进行生产，就必然需要耗费相关电力资源。这样可以在一定程度上减少由政府投资导致的"敲竹杠"行为。这种做法虽然提升了投资方的交易成本，但从长期社会系统福利增长来看是有利的。关键在于如何建立差价机制，以实现最优的资源的配置，这事实上直接体现在产出分配上。然而，当机会获得和生产活动参与都不存在壁垒的时候，是否交易成本越低越有利于社会的包容性发展呢？我们需要从系统长期均衡的角度进行思考。

为了研究相关问题，我们在图2-1中引入了公共利益、私有行为者和公共行为者（为简单起见，我们只把政府以及具有公共政策制定和执行能力的多边组织视作公共部门）。和私有行为者一样，公共行为者也拥有优先的资源以及不同的能力和信用水平。但不同的是，首先，在目标上，私有行为者聚焦于个体利益的最大化（主要指企业或者个体的利益及其自身的长期发展和存活），而公共行为者则聚焦于公共社会利益的最大化（地区内部的GDP、长期的可持续发展以及社会群体收入的增长）。其次，公共行为者拥有一定的权威性以及合法性。对于政府机构来讲，权威性是指在一定程度上拥有垄断的规则制定权及强制执法权。公共行为者的合法性主要是指具有一定的公共政策制定和执行能力的多边组织，其本身是基于公共利益的，虽然在一定程度上来讲，追逐个体利益也具有合法性，但在广泛的大众基础上，公共利益驱使会具有更高的合法性，同时这种高度的合法性能够带来更好的信用，这种动机和最终利益导向使得公众能够更好地接受这些组织。

回到图2-1，当利用政策杠杆成为收益分享调节的手段时，图的上半部分中纵向表示企业个体的利益及其对社会利益的贡献,而横向表示企业、生产产品的地理专用性程度(如安吉的竹业有赖于当地的竹资源,山下湖的珍珠有赖于当地的湖泊资源)。当企业所获得的个体利益远远高于公共利益,且地理或其他不可转移性资产专用性相对较高时[1],适合建立高税率[2]的环境,以弥补生产对于地区性资源的耗费,从而保障地区生态的可持续性。如由于矿产资源的开发具有很高的地理依赖性,其资源的开发投入主要来自前期的投资,因此除却和其他制造部门一样要缴纳的相关税费外,还需要缴纳矿产资源税,生产税率要高于其他的制造型企业。

而当企业所提供的个体利益减掉公共利益的值相对较低(无论是由个体收益过低还是公共收益过高造成的)且地理或其他不可转移性资产专用性相对较低时,适合采用低税率的形式以保证地区内企业存在生产积极性,从而避免因交易成本过高而转移。如温州乐清地区的皮革制造业由内部相关问题产生了过高的交易成本,使得大量的中、小企业外迁至义乌等地。

而当企业所提供的个体利益减掉公共利益的值相对较高且地理或其他不可转移性资产专用性相对较低时,则面临相对复杂的情形,高、低税率均有可能出现。在不可转移性资产专用性较低条件下高税率出现的可能情境是企业在不可转移性资产专用性较低的条件下仍然耗费了大量的公共资源,对社会环境、公共基础设施等产生了巨大的负面影响,即虽然个体收益很高但公共资源消耗过大(资源的消耗产出效率较低),如果政府不通过政策性的手段进行调控,那么社会发展可持续性将受到负面影响。如造纸、制革等行业在生产中不依赖特定的地理条件基础,但由于其在消耗不可再生资源时以及在生产过程中带来的污染严重影响所在地区的生态,所以必然需要有严格的规章制度控制其排污处理、生产资源再造投入等,而且国家对于建立这类企业的审批相对严格。同时,对于处于生产发展初级阶段的地区,尤其是落后地区,为了推动内生性经济增长而建立新创企业,为了保证

---

[1]即不存在能力性可转移资产专用性的问题,各竞争个体能力可能不等质,但不影响个体参与、分享等。
[2]包括所有合法的正式的交易成本。

新创企业的产业能力而积累发展资金,政府补贴或者实施低税率就显得尤为必要。如在安徽省安庆市等地区,由于地理限制,当地在获取投资资源、项目上存在很大的问题,草根创业受到诸多方面的限制,当地政府建立了推动内生经济增长的相关政策,包括给予外地回乡创业人员土地优惠、免收新创企业 3 年的税收等。

事实上在这种情况下,对于税率的考虑主要涉及企业生产所耗费的公共资源以及企业个体收益稳定性的相关问题①。公共资源的耗费以及个体收益的稳定性对于地区内部考虑生产系统的可持续性尤为重要。包容性发展,一方面要求个体能够得到合理的发展、参与和分享的权利,另一方面则要求尽量减少对环境、公共利益的威胁,以实现个体、环境的可持续性发展。因此在发展的过程中,一方面要维持公共资源的消耗处于可再生的限度之上或者有相关的保障性措施以弥补损失,另一方面也要考虑地区内生性增长的持续性、内生性经济的培育等,最大限度地提升地区内部的社会福利。因此回到图 2-1,在第 2 象限内,当企业处于个体收益减去公共收益的值相对较高、地理等不可流动性资产专用性较低、公共资源耗费较多、个体生产收益的回报相对稳定的情况下,为了维持环境的可持续性,采用高税率是必要的。而在企业处于个体收益减去公共收益的值相对较高、地理等不可流动性资产专用性较少、公共资源耗费较少、个体生产收益的回报相对稳定的情况下,为了形成良性的内生性经济增长环境,推动地区内部经济体的参与,采用低税率是必要的。由此,本书提出:

定理 2.1:当采用政策杠杆调节收入分配时,在地理等不可转移性资产专用性相对较高以及个体收益较高的情况下,适合实施高税率。

定理 2.2:当采用政策杠杆调节收入分配时,在地理等不可转移性资产专用性相对较低、个体收益较高且收益不确定性较低以及公共资源消耗较多的情况下,适合实施高税率。

定理 2.3:当采用政策杠杆调节收入分配时,在地理等不可转移性资产

---

① 初创企业面临的直接问题就是客源不稳定,未来收益不确定性较高。

专用性相对较低以及公共收益较高的情况下,适合实施低税率。

定理 2.4:当采用政策杠杆调节收入分配时,在地理等不可转移性资产专用性相对较低、个体收益较高且收益不确定性较高以及公共资源消耗较少的情况下,适合实施低税率。

(二)能力

在不受政策约束的情境下,所有资源的获取和能力的培养都可以通过市场的持续投入来实现,因为在企业资源观理论中,所谓企业资源是企业控制的所有资产、能力、组织过程、企业特质、信息、知识等,是企业提升自身的效益和效率实施战略的基础。这里资源和能力其实是投入的两个不同方面,明显的参与生产的能力是以资源为基础的,包括人力资源、生产初等要素资源等,在参与初级生产的过程中,所有的资源获取都可以通过简单的市场交易来实现①。以生产珍珠产品为例,为了保证生产的珍珠符合珍珠企业的质量基础标准,提升珍珠产品品质,原材料是关键。为了提升珍珠产品在国际市场上的竞争力,在低劳动力成本地区进行生产是非常合理的事情,但对于这些新开发地区来说,纯粹的基于个体经验的生产技术通常导致产品合格率较低,企业的货源因此受到很大的影响。为了解决相关问题,大型的珍珠生产企业通常会建立标准化的生产流程,并依据相关生产标准对地方生产者进行培训,以保证产品的质量,提升企业在外部市场的竞争力。虽然这种事前的投资能够最大限度地减少未来可能面临的市场竞争问题,并且带动劳动者生产能力的提升,使其进入生产系统,但这种投资也可能使得企业陷入类似"敲竹杠"的行为,而影响企业的投资意愿。回到刚才珍珠企业进行培训以提升产品质量的例子。如果在这种情境下,企业持续的投资和培训提升了地区生产者的生产能力,但随着个体生产者生产能力的提升和外部竞争者的加入,企业一方面可能面临自己培训的生产者受其他竞争者

---

①对于被排斥的群体,资源不是所谓的战略要素,被排斥群体只要拥有足够的资源,就能顺利获取对应资源,因此,在这种情况下纯粹的以交易成本来体现资源壁垒和技术壁垒是合理的。并且这与图 2-1 提出的通过提升能力、降低壁垒以及改变分配方式提升包容性的理论基础是一致的,交易成本和制度是这三类手段的深度理论解释,当然在后续研究中,我们主要考虑交易成本带来的影响。

高价格的影响而将产品转卖给其他竞争者,另一方面也可能面临地方生产者生产能力的提升或者同一群体共同意志的形成(如新型农村合作社的出现就是农民共同意志统一的结果)带来更高的议价能力,从而提升企业未来的成本。在这种情况下,企业可能会不太情愿将自身的培训标准和生产流程提供给地区珍珠养殖者或投入相关的资源进行培训,甚至很可能会直接承包地区的湖泊等资源以进行一体化生产。这并不利于地区内部内生能力的培养以及地区弱势群体的参与,并且地区内部资源的耗费也未能换来最大限度的社会福利的提升。

一个可能的解决方案是,企业间合作建立一个公共技术培训平台,以减少企业个体资源投入带来的投机成本,减少"先发优势陷阱"带来的影响,同时降低可能的原材料生产成本。如成立行业协会其实就是利用合作竞争的方式降低独立个体资源投入可能产生的影响。

另一个可能的解决方案则是,地方政府一方面为引入的企业提供竞争性优惠条件,如可以为最先进入的3家愿意为地区内部人员进行培训的企业减免税收,以减少企业可能面临的"先发弱势陷阱";另一方面建立专业的技术培训系统,减少技术的外部依赖,如我国的高铁技术,高铁集团就是利用了这种竞争性的策略,另一方面政府进行了持续的资源投入以培训大量的相关技术人才。再如大连引入IBM企业时附加了税率优惠的政策,IBM则需要在地区内部同步建立相关的研发实验室。此外,中国农技推广系统的建立在很大程度上提升了农民在专业生产领域的技术能力,并且提升了群体创业资金的原始积累能力。同样地,政府的介入和企业之间联盟的建立虽然可能提升个体的交易成本,但有利于个体能力的培养,从而提升其参与竞争的能力。而在政府资源投入的过程中,如何获取资源以提升能力同样值得考虑。

能力限制分享不存在体制性排斥的问题,即参与个体面临的体制限制等。如何利用政策杠杆这一手段改变社会福利的分配以及增强其他利益相关者参与的意愿成为关键。回到图2-1,在能力性排斥的条件下,即图的下半部分中,纵向上表示企业个体的利益及其对社会利益的贡献,而横向上表示企业所处地区、生产产品的地理专用性程度。当企业所提供的个体利益远远高于公共利益且能力性资产专用性相对较低时,适合实施高税率,以弥补高能力资产专用性企业的效益损失。如相对于高新技术产业,传统产业如纺织、造纸等由于相对成熟,一般税率更高。

而当企业所提供的个体利益减掉公共利益的值相对较低(无论是由个体收益过低还是公共收益过高造成的)且能力性资产专用性相对较高时,适合实施低税率,以推动高能力专用性资产企业的发展壮大,带动这类企业在高端技术领域的研发资源投入以推动社会的技术进步。如我国为高新技术企业建立的高新技术产业园,进入产业园的企业可享受更多的税收优惠,而在高端技术上获得突破的企业还将获得额外的政府资金支持等。再如高速计算机的研发通常需要投入大量的资源,并由国家高级主管部门负责,以实现有效的、迅速的、多部门间的紧密协调。又如巴西的艾滋病药物研发受到严重的专利限制,为解决迫切的社会问题,巴西总统签署了特权受命,相关企业能够在不支付专利费用的情况下使用相关专利。

当企业提供的个体利益减去公共利益的值相对较高且能力等可转移性资产专用性相对较低时,与体制性限制的情况相同,重点考虑的问题在于环境的可持续性、资源利用效率的最大化以及内生经济增长的可持续性。此时,面临能力性排斥的企业同样面临相对复杂的情形,即在高人力等资产专用性条件下仍可能出现高税率的情境,如高资本、智力密集型、高资产专用性的企业在生产时需要耗费大量的公共资源,或者其本身就处于具有较高配套设施成熟度的环境,占用了大量的高端公共资源,具有强烈的外部需求特征,即使个体收益很高但公共资源消耗过大(资源的消耗产出效率较高),如果政府不采用政策性的手段进行调控,将会对社会发展可持续性造成负面影响。事实上,即使政府不采用政策性调控措施,也可能实现市场的自动调节,从而保证资源配置的高效率,防止出现租值耗散的问题。如对于城市中心地带的写字楼,由于竞争激烈通常出现高租金的情况,如果银行、保险公司、软件开发企业等拥有高端专用性人力资本的企业想进入这些地区,必然需支付更高的租金。再如单晶硅等高知识、技术密集度及高度设备专用性的产业,虽然其产品具有很广阔的应用前景,但如果在生产过程中不严格进行污水处理,则会对外部环境产生严重的污染。这种类型的企业内部需要建立专门的污水处理部门,按照要求定期向政府报告企业污染处理和排放的相关指标,同时政府也需要建立严格的法规,并建立监测系统。同时,如果企业处于生产发展的初级阶段,为了推动内生经济的发展,尤其是推动地区经济向高端转型,增强地区内部企业向高智力、知识等资产专用性产业转型的动力,推动内生性经济向高附加值产业发展,同时减少对不可再生资源等的耗费,对人力等可流动性资产专用性高的新创企业进行政策性的鼓励成为必然,如政策性的补贴或者政策税收的优惠。如我国各城市周边建立的高新技术开发区,只要企业通过了资质的认定,即可进入开发区,并获得15%甚至更多的税收优惠,而如果企业是由本地人员新创的,还可能受到更多的政策支持,如高新技术补贴、海外归国人员创业扶持资金等。

此时,企业生产所耗费的公共资源以及企业个体收益稳定性仍然是税率杠杆应用的前提。无论在何种情形下,经济环境发展的可持续性、社会福利的最大化都以地区经济发展为前提。在企业个体收益减去公共收益的值相对较高、人力等可流动性资产专用性较高、公共资源耗费较多、个体生产收益相对稳定的情况下,为了维持环境的可持续性,采用高税率是必要的。而在企业个体收益减去公共收益的值相对较高、人力等可流动性资产专用性较高、公共资源耗费较少、个体生产收益的回报相对稳定的情况下,为了形成良性的内生性经济增长环境,推动地区内部经济体的参与,采用低税率是必要的。因此,本书提出:

定理2.5:当采用政策杠杆调节收入分配时,在人力、设备等可转移性资产专用性相对较低以及个体收益较高的情况下,适合实施高税率。

定理2.6:当采用政策杠杆调节收入分配时,在人力、设备等资产专用性相对较高,个体收益较高且收益不确定性较低以及公共资源消耗较多的情况下,适合实施高税率。

定理2.7:当采用政策杠杆调节收入分配时,在人力、设备等可转移性资产专用性相对较高以及个体收益减公共收益的值较低的情况下,适合实施低税率。

定理2.8：当采用政策杠杆调节收入分配时，在人力、设备等资产专用性相对较高，个体收益较高且收益不确定性较高以及公共资源消耗少的情况下，适合实施低税率。

定理2.9：当个体面临体制和能力的限制，且对进入生产系统形成约束时，如果引入第三方的协调会增加个体间的交易成本，但能解除或减少生产系统的约束，促进弱势群体的参与和分享，则应当引入第三方。

定理2.10：当个体面临体制和能力的限制，且对进入生产系统形成约束时，如果第三方的资本投入会增加个体间的交易成本，但能解除或减少生产系统的约束，促进弱势群体的参与和分享，则应当引入第三方。

第三节　小结

本章仅开启了包容性发展研究的一扇窗，事实上对于交易成本如何促进包容性发展的作用机制，本章仅解释了非常微小的一部分内容，而包容性发展本身在测度和各个维度间相互作用的机制有待更加深入的探讨。虽然本章给出了交易成本在形塑包容性发展经济系统中的一个角色，即通过改变经济体个体单位交易成本的效率影响系统的变革，但相应的作用机制及交易成本改变如何影响个体对于社会包容性的认知以及如何采用相应的措施进行政策干预仍未明确，因此，思考交易成本形成的各个维度与包容性本身各个维度间的互动关系需要进一步重点推进，也是进一步理解包容性社会构建过程中关系构建的基础指导。

本书以中国情境下的案例为主，虽然这些案例在很大程度上被证明了是相对有效的推动包容性构建的案例，但在一定程度上，对国际学者来讲是相对陌生的。既然这些制度创新的案例主要来源于中国本土，并且中国是发展中国家，具有相对浓厚的计划经济背景，那么在不同的制度体系系统下，相关的制度创新模式的移植性可能有待进一步验证。

本书重点探讨了通过改变交易成本推动包容性发展,虽然这在经济生活中是非常重要的一个方面,尤其是从长期来看,能力的培养也能通过降低交易成本实现,但从推动包容性发展的理论模式来看,交易成本仅仅是影响或者决定包容性的一个方面。

本书虽然从交易成本角度对包容性系统的构建提出了一个解释性的系统框架,但对于理论模式来说,交易成本是联结能力提升、制度创新、降低壁垒等生产模式的重要手段,尤其是从长期来看,制度决定交易成本,能力的提升得益于交易成本的下降,制度、交易成本、能力三者之间的相互关系仍然有待进一步厘清,从而在构建交易成本情境和推动包容性发展的过程中实现平滑过渡。

创造社会福利是传统研究的关注焦点,但关于社会福利的创造过程以及社会福利的分享模式的研究相对较少,而要建立一个可持续的包容性发展的社会,对这一过程的关注确是不可缺少的。从理论上讲,本书的贡献主要在于构建了交易成本与包容性发展的互动机制,解释了构建高交易成本的环境与构建低交易成本的环境同等重要,从而为社会福利的创造和包容性创新系统的构建搭建了一个整合性的理论框架。一方面解释了在什么样的背景下应该通过提升交易成本以构建低交易成本的环境,从而推动弱势群体的参与和机会、资源的获取以及提高单位交易成本的耗费效率;另一方面也解释了包容性发展社会高交易成本情境对于推动社会可持续发展的重要性,这在一定程度上加深了我们对于包容性创新系统形成机制的理解,而在这个过程中,公共机构在政策制定上所扮演的角色将决定包容性系统构建的效率,即交易成本在包容性发展中是以成本效率杠杆的形式存在的。

希望本书能让我们在一定层面上理解交易成本会如何形塑社会,推动社会的进步,以及高交易成本会如何有利于弱势群体的经济活动参与、个体的能力培养,并且改变公共部门、民营部门以及利益相关者之间的互动模式,同时通过资源的持续投入实现资源利用的外部性效用,有效利用民营部门的资源和公共部门的能力以推动公共社会福利的提升。

本章从公共政策实践的角度理论化地概括了交易成本与包容性发展间

的关系,事实上,这种关系的指导价值主要在于帮助形塑一个可持续性的包容性发展的社会经济体制,当然这是公共政策层面的,即注重通过政策设计构建一个不同交易成本的环境,通过改变系统内个体交易成本的使用效率而形塑一个包容性发展的社会经济系统。中国的经济发展史或许就可以被看作不断降低公共市场中交易成本的历史,本书将从企业层面解释,外部环境中的交易成本改变对包容性的影响,并研究相关改变对个体认知的影响。

第三章

包容性发展实现的市场要素分析

　　已有的关于包容性发展的研究主要聚焦于什么是包容性发展以及如何提升包容性，而很少关注"为什么"，这就无法为如何提升市场的包容性提供必要的理论支撑，因此对于"为什么"的研究就显得尤为重要。本章将尝试从交易成本的视角解释包容性发展的促进机制，进而理解交易成本的改变如何促进包容性发展，分析其内在的作用机制。

第一节　底层市场的交易成本与包容性

　　产业集群的产业化模式对于中国经济的发展起着至关重要的作用，事实上，这种模式对于东亚国家甚至欧洲发达国家的前期发展均起着至关重要的作用。初始的集群由中小企业组成（Schmitz, 1995；Schmitz & Nadvi, 1999）。由于大多数的中小企业是劳动密集型企业，以集群作为产业化基础的发展模式，对于通过吸收业余劳动力推进低资本高密集度劳动力就业人口的国家非常适合。结合现有研究，信号机制、交通成本的降低、亲戚关系以及劳动分工对于推动中国的初始发展具有至关重要的作用。而这些因素的变化在发达国家也非常显著。从美国和欧洲的发展来看，交易成本的降低是推动发展的重要因素。如 North（1981）指出，西方国家近 200 年高速发展的重要原因是革命性的交通基础的变革，交通成本的降低使得专业化和劳动分工能够有效替代以往的自给自足生产方式。这种变革在发展中国家可能由于其本身文化、经济、社会基础的差异而具有很大差别。如 Fleisher et al.（2010）表明，在中国的产业集群中，"3 合 1"的生产模式①有力地提升了市场信息成本，降低了营销和交通成本，同时能够非常迅速地接入劳动力市场。事实上，集群内部相互连接、按照不同产品进行分工的家族企业是供应链和商业竞争优势形成的重要原因。首先，基于家族血缘关系的生产系

①所谓"3 合 1"的生产模式，即第一层为店铺或者生产中心，第二层为生产中心，第三层为员工住宿。

统不仅能够促进生产系统内部的专业化分工,促进非农生产型企业参与生产[①],同时还能够获得资金上的支持。Fleisher et al.(2010)在2008年的调查表明,只有很小一部分企业的初始启动资金来自银行的正式贷款。对于大多数企业来讲,它们的资金来源主要依靠家庭关系外部借贷。其次,在发展的过程中,地理的接近性使得企业间兑相模仿,如由于成本结构系统的改变,为了避免由利润和产品质量的下降带来的负面影响,领头企业开始进行质量认证,并且提升相应的品牌知名度,如ISO 9001就是在这样的背景下被引入这些产业集群内部的,周边的企业在看到领头企业采取如此行为的时候很容易模仿它们的行为。其他的学者也得到了非常类似的研究结论(Ruan & Zhang,2008)。

在发展中国家,如果仅仅从资源观的角度来看企业的发展,资源的缺乏是一个非常重要的发展阻碍,而信用问题是很多中小企业获得相关资源的重要约束。然而,只有很少的中小企业能够通过信用考核,获得大型银行的支持,这有很多方面的原因。首先,高信用考核的交易成本以及放贷过程中的低利润使得大型银行没有放贷的激励。其次,大型银行通常缺乏相应中小企业的运营信息,而收集这些信息又需要很高的成本。最后,通常中小企业不能提供抵押,在这样的情况下,信息和成本的考虑会显得更为重要,这使得中小企业获得正式银行贷款的概率大大降低。事实上,这种情形在发展中国家甚至发达国家工业化的初期是一样存在的。在这样的情况下,社会网络在提供非正式资金以及减少资本约束上的价值就得以体现。Ruan & Zhang(2008)指出,濮院产业集群的三轮车司机在自己的物流企业的初始阶段,在缺乏资金而无法获得银行贷款的时候,他们通常需要通过亲戚朋友的关系来借款。对于其他的企业来讲,通过上下游供应商和采购商的灵活变通以及本身在这个产业链中的信誉也能有效减少资金问题的影响。在濮院产业集群中,在生产商第一次参与生产系统时,如纺纱的采购阶段,由于生产商不够熟悉采购商,通常不会给予其相应的信贷资格,但经过一段时间的

[①]Wu et al.(2006)表明,在浙江省湖州市吴兴区织里镇,大概有5000个儿童外套生产商,生产流程被划分为多个过程,而这些通常由家族企业共同完成。

交易之后,采购商通常可以先拿货后付款,而集群内部的地理接近性使得这种信用的建立更为方便(Long & Zhang, 2011)。

进一步,灵活性也被视作中国20世纪80年代民营经济快速发展的重要原因。这些市场化的企业能够雇佣附近农村的非正式劳动力作为企业的临时工,但在没有订单的时候,可以很方便地解雇这些工人,而那些未市场化的企业不能随便雇佣和解雇相应的员工,人员的招聘和控制由国家管理。在这样的情况下,未市场化的企业就不能享有这种灵活性(Nee, 1992)。另外,一个企业灵活性的例证就是在解决资金纠纷的时候,通常资金的纠纷和还贷会依据企业本身的资金状况进行合理的调整,即欠款者一旦有了足够的资金之后就将自己欠的资金还给相应的放贷者,然而,如果放贷者确实非常需要用这笔资金(如为员工提供薪水),那么欠款者会依据本身的能力先偿还一部分资金。

从以往对中国的相关研究来看,信息对称、气氛、灵活性以及资产专用性等都是影响交易成本的重要因素,而关于交易成本推动包容性发展的研究主要认为,交易成本改变影响个体的机会获取、竞争参与以及结果分享。第二章已经论述了政策如何通过交易成本改变社会发展的包容性,在这里,本章将简要地介绍相关问题。正如前文提到的,交易成本降低并不意味着包容度的提升,事实上,对于不同的对象和问题需要有不同的考量。通常,交易成本越低,在既定的参与成本或壁垒的情况下,个体参与生产的机会就越大,在最终的分享中也能获得更高的收益。但对于社会而言,交易成本并不是越低越好,很多时候提升交易成本能够促进社会的分工、转型,扩大参与生产的机会和提升分享社会成果的能力。本书的研究对象为个体,在此背景下,环境外部的交易成本越低,个体可选择的生产机会越多,因为交易成本的降低通常有利于提升个体的资源利用效率,推动个体将多余的资源投入别的生产领域。当然对于被排斥群体来讲,降低交易成本最直接的价值在于改变了生产参与的最低要求,使得个体能够以更少的资源进入生产领域。这对于处于一个开放自由市场中的个体来讲,无疑将获得更多的机会。

首先，交易成本的降低还将改变个体的竞争参与能力。一方面，交易成本降低将提升个体在竞争参与中资源的利用效率，使得个体能够更加有效地积累相关资本，并将相关资本投入下一轮的生产竞争，即有利于小众个体生产能力的持续提升。另一方面，交易成本的降低将提升个体在竞争中的竞争力，改变产品的成本、质量比，有利于个体开发出适合自身的利基市场，并推进地区经济的发展。其次，交易成本的降低还将推进个体在同外部信息交流、对外信息发送等方面的投入，从而推进个体在竞争参与中与其他强势个体在竞争基础上的无差异。最后，交易成本的降低将可能推动小众群体进行认知交流并形成统一意志，最终实现小众群体作为一个利益群体的协同行动，提升与其他群体进行议价的能力，改变原有的竞争规则和资源分配规则。

交易成本的下降最为直接的影响还可能涉及最终的资源分享。如小众群体共同意志的形成提升了必要的议价能力，不仅改变了竞争的规则，还可能改变收益分配的模式，从而增强小利益群体的分享意愿。交易成本下降本身意味着个体在生产竞争中资源投入的减少，在既定的生产价格条件下，个体的收益将增长，在面临着充分竞争的市场时，这部分收益将转嫁到消费者手中，这对于社会福利分享具有直接促进作用。同时随着社会福利的增长，消费者可能会有更多的参与消费的机会，从而促进个体在社会福利增长中的分享。

从以往的研究来看，在交易成本视角下，包容性发展实现的原因可以归结为信息对称度的提升、信任气氛的增强、交通成本资产专用性的降低以及系统本身灵活性的提高。在这样的背景下，很多研究关系的构建未得到正式验证，这对于我们开始一个新的研究来讲是非常有利的，但存在的缺点也是明显的。首先，关系的构建没有得到系统的验证，那么这些关系是不是真正能够有效地解释我们世界的运行规则，这还需要进一步探索。其次，模型的构建并不是非常精确地基于事实或多方面的资料论证，变量的维度确定及其关系构建需要更加严密的论证。最后，对于不同的现实背景，我们还需要考虑在不同的环境下应该如何改变交易成本以推动包容性发展。因此，本章主要通过成熟市场的案例来重构这一分析框架。

第二节 案例取样

一、珍珠制品

在浙江省绍兴市诸暨市山下湖镇,珍珠制品行业被看作当地经济发展的主要推动力,珍珠制品本身的特点是具有农产品属性的同时又具有珠宝特性。在改革开放初期,这种商品被看作珠宝产品,在各个地区的养殖受到严格的限制,直至20世纪90年代,其农副产品的性质才被确立。首先,作为一种农副产品,其本身具有很明显的第一产业带动效应,能够有效推动农业人口进入制造业。其次,珍珠养殖的特点相对于其他技术性产品的生产,更容易被农村人员所接受,这和他们进行的传统农耕项目相比,具有很强的延承性,而且,这种产品还具有很强的地理特殊性,具有地区专属性生产特点,能够很好地结合并利用产品生产地区的资源。最后,由于珍珠本身培养的时间相对较长,会受到多种外在不确定性因素的影响,当地人员甚至有时把珍珠制品行业描述为"靠天吃饭"的行业,因此相对于其他制造业,它具有很高的市场不确定性和难以预测性。在企业的选取上,我们选取了当地发展最大的三家大型企业,考察了它们从建成到壮大各个阶段的发展事实,同时也考察了两家以生产差异化产品著称的小企业,并对地方政府和为这些企业提供市场服务的企业进行了访谈。

二、模具制造

模具制造被称为工业之母。模具制造也由于其本身具有技术精度高、复杂度高以及高度定制化的特性而与其他产业形成极大的反差。相对于汽车制造、医药制造等直接面向消费者的行业来讲,模具制造与之最大的差别在于其产品高度定制化,且通常需求量很小,一般的制造企业一次只需要一副模具,但对生产设备的要求却很高,模具的精度直接决定产品的质量。选择浙江省台州市黄岩地区模具制造行业的原因,首先在于其在早期交通、信息比较闭塞的情况下,能够在竞争中建立有利的条件并得以生存;其次是模具行业本身的技术性、定制性特性可以和其他产业形成鲜明的对比。定制化产品区别于其他大规模生产的产品的一个巨大优势在于,在生产每副模具之前,模具生产企业需要首先获得定制方提供的 1/3 的产品定金,因此对于模具生产企业来讲,如何让其他企业信任或者表明自身有进行相关模具生产的能力就显得更为重要,同时模具生产企业并不需要具备很高的创新能力,只需要能够顺利地理解模具需求方提供的设计图纸并进行精确的生产。本书所用数据集包含了九家企业、两个政府机构及一个行业协会。在企业的选取上,以发展相对稳定并且具有一定生产规模的企业为主,其中两家企业被业内广泛认可并在当地具有较强带动作用。

三、汽摩配

温州地区作为中国民营经济发展的示范区,体现了草根经济所特有的活力。温州地区本身地理位置偏远,交通闭塞,因在改革开放后的显著发展而获得了"温州模式"的称号。选择温州汽摩配行业的初衷在于,我们对温州模式的认可以及汽车行业本身在整车生产上具有很高的资本投入壁垒,由于温州地区亲情网络关系的有效利用,很多企业在生产的初期具有很强的产品专业分配特性,高度的专业化分工以及亲情网络的应用与其他制造行业形成鲜明对比。同时,汽摩配产品的最大特性在于其本身的配套性,大企业通常将产品提供给配套厂商,只有少量的产品流入维修市场。因此,对于这些大企业来讲,其外部环境相对稳定,模仿带来的影响不会像其他行业那么严重。[①] 在实地调研中,我们对当地四家最大的汽车配件生产企业和一家汽车整车生产企业进行了访谈,同时还对汽摩配行业协会进行了相关的调研。

---

① 源于加拿大国际发展研究中心(IDRC)调研访谈报告。

四、医药制造

同样在温州地区,我们还分别对医药制造企业和医药设备制造企业进行了访谈,主要原因在于医药行业具有很强的排他性,且生产许可证的获得要比其他类型产品难得多。同时相比于其他地区的企业,这两家企业在发展的初期具有集体经济性质,因此,通过对这两家企业发展历史进行分析,我们能够很好地理解企业治理结构带来的影响。

五、竹制品

浙江省湖州市安吉县在地理条件上拥有一定的优势,生产产品以农副产品为主,产品发展的初期在很大程度上依赖地区内部的资源,即有一定的资源禀赋的特性。竹制品是大宗需求型的产品,面向对象在一定程度上是大众生活的必需品。与珍珠制品相比,竹制品的需求相对稳定,受到外部冲击的影响主要来自替代品如塑料制品,而受到不可预测的不可抗力的影响相对较小。在竹制品行业的调研中,我们走访了七家在当地发展相对比较好且被业界认可的企业。

六、竹机械

我们将竹机械企业加入调研企业的原因在于,竹机械企业是立足于本地产品需求而发展起来的,相对于其他制造企业,竹机械企业主要为本地企业服务,并且很多时候,各种竹制品企业为了能够保证本身产品生产的顺畅,在开设新工厂的时候,会要求竹机械企业提供专业的技术人员给予指导。因此,相对于其他企业,竹机械企业同时提供了服务性的生产活动。当然,我们希望这种基于公共技术服务性质的平台型企业的出现能够很好地解决人才问题。我们依据地区企业的发展状况,选取了一家当地大型竹机械企业作为调研对象。

七、其他非生产型单位

在其他非生产型单位方面,我们主要调研了地区行业协会以及地区政府机构。很多企业对于外部环境的描述可能更偏向于企业本身所处的环境，而引入对这些非营利机构或者提供服务的机构的访谈，能够很好地判断企业描述的准确性和一致性。同时，政府机构对于地区行业发展的环境、当前经济状况、地区经济特性具有一定的整体把握能力，整合其对于地区发展的理解能够与我们的调研互补。我们选取了当地三家行业协会以及六家政府部门，这些政府部门都与这些企业有直接的联系。

第三节　数据来源

一、访　谈

对企业的访谈主要集中在 2009 年 6—8 月、2010 年 6—8 月以及 2011 年 6—8 月①。共调研了超过 40 家单位，选取其中的 39 家单位作为调研样本，表 3-1 列出了访谈单位的名单及被调研企业人员的职位。调研全部为实地访谈，调研人员全程参与，在不同的地区，参与调研的人员可能存在差异，但一般至少 4 人，最多的是在山下湖镇的调研，有 7 人。在调研过程中主要用中文交流，在整个调研完成的时候，我们获得了所有进行访谈单位的原始调研记录。在调研的过程中，我们采用了录音以及笔记的方法记录相关访谈的要点，每个访谈至少持续了 45 分钟，最长的一次访谈超过了 2 个小时。在进行原始记录整理的时候，每个访谈单位由专人负责，并且要求在调研后的当天晚上完成整理，同时要求对照录音。调研组长在收到整理完的访谈记录后再发给组员，共同检查。

---

①感谢范依琳、张超群、熊磊、陈小玲等同学在调研过程中提供的帮助和支持。

表3-1 访谈地区和单位的目录

地区	单位	参与访谈人员职位
浙江省诸暨市山下湖镇	浙江省阮仕珍珠股份有限公司	董事长、副总
	佳丽珍珠有限公司	总经理
	山下湖股份有限公司	办公室主任
	华东国际珠宝城	董事长、副总经理
	诸暨圣嘉特珍珠首饰有限公司	总经理
	诸暨市唐萃珠宝有限公司	董事长
	山下湖镇政府	副镇长;浙江省长生鸟药业有限公司董事长;浙江省长生鸟珍珠生物科技有限公司总经理;诸暨珍珠业省级科技创新服务中心主任
浙江省台州市黄岩区	浙江省黄岩模具行业协会[ab]	主任
	浙江省黄岩经贸局[a]	科长
	浙江省嘉仁模具有限公司	总经理;局长,副局长(黄岩科技局)
	黄岩区科技局	局长
	陶氏模具集团公司[a]	行政主任;加工中心主任、机械工程师
	凯华模具有限公司[b]	办公室主任;内部培训讲师
	美多模具[b]	办公室主任;营运总经理
	精惠普模具[ab]	总经理
	浙江省精诚模具机械有限公司[b]	行政副总经理;研发中心经理,总经理
	北方模具[c]	总经理
	赛豪模具[c]	办公室主任
浙江省温州市瑞安市	瑞安汽摩配行业协会[a]	秘书长;科长
	瑞立集团[a]	厂报总编
	利丰电器	董事长;办公室主任
	浙江省天瑞药业有限公司	经理助理
	华尔达集团	副总经理
	长城换向器有限公司	人力资源部部长
	恒光	董事长
	浙江省中欧国际集团	经理助理
	华联制药机械股份有限公司	董事长,总经理

续表

地区	单位	参与访谈人员职位
浙江省湖州市安吉县	安吉县经济贸易委员会	局长
	安吉县科技局	局长
	安吉县登冠竹木开发有限公司—竹印象[b]	董事长;经理(技术)
	安吉德迈竹木机械有限公司[b]	董事长;兼任安吉县竹木机械行业协会会长,总经理
	安吉县林业局、竹产业协会	主任;兼任安吉县竹产业协会副会长
	金茂竹木家具有限公司	总经理;副总经理
	鑫凤竹木地板	总经理
	天下竹业[c]	副总经理
	天振地板[c]	董事长
	永裕竹业[c]	董事长
	安吉县发展改革与经济委员会[c]	副主任
	永裕竹业[c]	行政部

注:总体调研企业数量为30,行业协会数量为3,政府机构数量为6。[a]表示在第二轮调研中进行了互补性的调研材料收集,第二轮调研主要集中在2010年6—8月。[b]表示在第三轮互补性调研中又跟进了相关企业。[c]表示材料收集于第三轮互补性调研,第三轮调研主要集中在2011年6—8月。

为了能够最大限度地理解地区包容性发展的推动机制,我们的访谈主要从了解企业的发展历史开始,包括企业最初的产品、外部的环境、企业的相对技术水平、政府的相关支持等,以获知阻碍企业进入这一领域并且对持续发展形成关键性作用的内外部条件。当提到与交易成本相关的主体时,我们会进一步细化、深挖下去,要求被访谈者谈谈地区、企业是如何通过不同的方式、行为来克服阻碍的。当然,我们发现有些现象在一家企业被提及,但在另一家企业未被提及,因此为了提升研究的内部效度,我们还会将在其他企业获取的相关信息描述给这家企业的被访谈人员听,让他对这一现象进行评判。并且在访谈的过程中,我们会不断地增加访谈内容,尤其是那些我们未曾在其他地区了解到的或者未在原始访谈中加入的材料,我们会在新一轮的调研中加入。比如在山下湖镇调研的过程中,我们被提醒到亲戚间的关系借贷、同乡间的关系网络是小企业在不能获得贷款情况下参与生产的重要条件,所以在温州也就此类问题与相关人员进行了讨论,并且在更加理论化的层面上,提到是不是由于这种关系借贷、同乡网络具有更强的信任关系,以及企业之间通常是如何建立这种信任的氛围的。这些基础材料对于我们未来整合研究模型起到了非常关键的作用。

二、调研参与者的观察

除了调研记录,我们还在调研完一个地区后依据调研记录出具了一份调研报告。与调研记录不同,调研报告要求参与调研的人员依据原始调研记录结合自身的理解进行写作。在这个过程中,参与调研的人员都参与了撰写,调研报告经过严格整理,不再是以对话的形式罗列。当然,这一报告仅仅作为参考,编码的内容主要基于原始的调研记录,为我们的整体研究服务,同时调研人员也尽可能地增加收集外部对于交易成本的理解,减少研究中的理性约束。

三、档案资料

档案资料的来源包括地方年鉴、地方官方网站,以进一步证实在访谈中获得的部分资料,以及提高研究的信度,同时提升对于地区、企业不同阶段所处情境的理解。当然,这些信息只是作为参考被放在研究中,大部分企业本身的环境并不能直接从档案资料中获得,如企业之间的联系。

第四节 数据分析

一、影响因素以及主要区别维度

本书的目的是构建能够有效反映地区降低交易成本并促进包容性发展的机制模型,理清交易成本改变与包容性发展间的作用机制,并最终通过建立基于不同情境的作用机制,有效地将交易成本降低模式移植到其他地区实践中或者将来的具体量化分析中。在这种情况下,首先有必要理出相关维度以表达交易成本的形成以及包容性发展的构念维度。不过对于一个特定的交易成本影响因素的维度,可能有很多种不同的表达方式,比如对于一个销售商来说,当他描述本身产品的生命周期的时候,他可能会说"做这个产品是正确的"或者"这是未来的发展方向"或者"发展这一产品可以使得我们和我们的竞争对手显出差异"(Bansal & Roth, 2000)。因此,对于一个特定的影响因素的构念,需要从不同的维度进行区别,这样才有利于我们在未来研究中有效地建立测度指标以进行实证性的研究。而且事实上,整个构念划分、区别的过程也是我们理论模型成型的过程,因此,区别构念显得必不可少。

研究本身的研究问题决定研究所选取的对象和单位,在研究交易成本形成维度及其改变机制的时候,一般主要分析企业外部环境的改变性活动。在这种环境背景下的企业和各类政府、非政府机构都能够有效地观测到这种变化,并能够提供不同的视角,有利于进行三角验证和不断丰富对于环境的观测。在这样的情况下,一般主要采用企业和各类政府、非政府机构的访谈材料,而当分析包容性变化这一现象的时候,则主要依据企业本身的描述,在这个过程中,采用的材料主要来源于企业本身。

为了区别不同的构念,我们对访谈资料进行了系统的分析。首先,区别出那些能够明显反映交易成本影响因素和体现包容性发展构念的相关描述,进一步理出了用以区别这些构念的差异维度的描述。在最初的分析中,我们列出了访谈中可能涉及交易成本、包容性发展的相关描述,并且对这些描述依据相应的构念进行了归类,同时获得了不同的交易成本影响因素下相关参与者为了改变交易成本而采取的相关行动。当然,在早期的分析中,我们对于各构念的描述可能更倾向于按照最初的模型来进行,同时这些编码也相对非学术化,比如编码直接用"认识""物质资源""信息""沟通""地理""交通"等。随着我们对各个企业所描述的内容进行不断编码,发现很多时候不同的描述方式所描述的内容是一致的,因此结合前期的研究模型,我们将几类最常被提及的因素进行了归类,将交易成本影响因素的构念划分为信息对称度、气氛、交易频率、资产专用性,将包容性发展构念划分为机会包容、参与包容、分享包容。其次,我们理出了最终结果、实现方法、决策准则、分析手段、关注的焦点、远期形势以区别各类相似但不同的构念。我们在不断修改和迭代中优化模型,从早期调研中获得最初的认识,不断地对原始访谈记录进行分析编码,对调研报告和档案数据进行分析,不断修改理论构架,同时根据新出现的现象和描述的因素不断增加、修改在不同阶段咨询的相关问题,在不同的阶段不断增加对交易成本、包容性发展及其相互作用机制的相关认识。随着我们研究和调研的不断深入,我们越来越能够预测可能获得的相关认识,某些因素在不同地区表现得越来越明显;为了弥补我们最初调研中的不足,我们在第二、三轮调研中将相关最新发现加入待咨询的问题列表。总体来讲,我们依据不同的调研类型和区域至少做了三轮的迭代和优化。

二、情境变量

一个特定的区域或者单位在不同的背景下发展可能面临不同的问题,因此我们需要做的不仅仅是给出影响交易成本的因素,还要明确在什么样的情境下通过改变何种交易成本影响因素能够最大限度地减少各类企业参与、分享的壁垒。比如说,我们如果了解了各类行为影响因素起作用的情境,就能够更有效地采取对应的措施,如建立良好的相互信任的气氛。那么,在什么情况下企业可能更需要加强这种相互信任的气氛?我们还依据访谈中各相关人员描述的企业内外部、地区内外部环境进行了特定情境的编码,在可能的情况下,我们也采用档案数据,比如统计年鉴、政府或公司的官方网站作为补充,通过这些资料的结合分析,我们可以清楚地了解到地区内单位采取行为时所处的情境。最终,将获得的编码划分为环境特性、产品特性以及企业特性。

三、交易成本形成的影响因素

我们的分析得出了 4 个影响交易成本形成的因素,包括信息对称度、气氛、交易频率、资产专用性。对于相关构念的描述以及引证如表 3-2 所示,区别构念的主要维度如表 3-3 所示。

表 3-2　相关构念的描述以及引证

因素	引证	有明显表现的地区
信息对称度	"协会具有信息功能，反馈、发布信息，行业通过协会体现，每年有汽摩配目录，推荐汽摩配产品，外地过来洽谈业务生意向其推荐产品"； "行业协会为企业提供信息，参展报到协会或者外经贸局，需要政府解决的难题也反映给协会"； "10 万名供销员在外面，主要获取相关外部需求信息和内部采购"； "像我们在深圳的分公司，与当地三十多家公司共同建立了人力资源网，相互了解各自离职员工的情况，从一家公司里出去的员工其他公司也不会要，这样就减少了潜在的损失"； "国外展销经常参加，欧洲柏林、日本、美国经常参展，有些客户找到你"； "聘请一些企业的技术人员作为我们的顾问，像上海那种星期六工作制那样的，现在他们可以通过网络为我们提供方案"； "如果我们没有通过 TS16949，就不会与我们合作；甚至有些国外客户，GE 之类，如果没有通过 ISO18000，就不会与我们合作"； "ERP 系统，效果没有非常好，但也起到了作用，可以节省时间、提高效率"； "老板都在喊品牌战略，但是没有几个人懂，品牌背后的故事很多，我们是积极的推动者"； "对供应商进行等级评价，为 A 类供应商提供资金、技术、信息支持，还可以提供预付款"； "标准化养殖模式的最终目的是降低成本、减少污染、提高产量"； "2001 年开始，有自己的网站，中文、英文、日文、韩文，贸易对象增多"；	瑞安 4（行业协会 1，汽摩配企业 3） 山下湖 5（珍珠生产企业 3，专业市场 1，政府机构 1） 黄岩 5（行业协会 1，模具企业 4） 安吉 4（政府机构 1，竹制品企业 3）
气氛	"企业通过协会向政府提建议，政府有什么事情也通过我们协会，协会起纽带作用"； "希望与自己的供应商建立长期的合作共赢关系"； "一线员工流动性比较大，中高层之间一般都存在亲戚关系，相互比较信任，很少流动"； "像信用记录一样，瑞安本地还没有建立这样的网络，但一些比较关键的技术人员如压机操作员，工作环境比较差（压铸温度 180℃ 左右），其他企业过来的这种员工我们也不会要"； "小企业（在贷款上）肯定相对比较麻烦，需要靠亲戚之间的相互借贷，这是比较频繁的，不借一点，会觉得不好意思，这边圈子比较小"； "汽车生产商的下游供应商，主要过来提供管理上的指导，技术指导如果需要的话也会支持"； "上下游之间交易关系带来的伙伴关系"； "我们都签订协议的，不牵涉对方产品核心的……产品的核心外观设计也绝对不会透露"； "拷贝的人得不到惩罚，研发的人得不到保护，反而成为公共研发者"； "对恶性竞争，行业协会会进行处罚"	瑞安 4（行业协会 1，汽摩配企业 3） 山下湖 4（珍珠生产企业 3，专业市场 1） 岩 5（行业协会 1，政府机构 1，磨具企业 3） 安吉 3（竹制品企业 3）

续表

因素	引证	有明显表现的地区
交易频率	"20 世纪 60 年代,企业产品不是很多……瑞安以前唯一一条国道还是近几年扩宽的,以前进出困难,企业成本较高"; "希望与自己的供应商建立长期的合作共赢关系"; "拥有专业的交易市场,原材料在本地购买"; "购买设备之前进行实地考察,国外大型装备制造商售后服务比较完善,把技术人员派过来现场指导、维修、装配,企业的技术人员全程参与,把企业人员派到国外进修学习,完全掌握这套机器的管理维修,总是让他们过来成本高"; "做直销,直接销售给客户,不设办事处等机构"; "我们可以通过其他技术提供者技术入股的形式来生产"; "更注重市场,纷纷到香港开分公司,跳过香港中间商,自己去对接客户"; "通过提供养殖技术的服务、培训来控制上游"	瑞安 6(行业协会 1,汽摩配企业 4,医药制造 1) 山下湖 3(珍珠生产企业 2,专业市场 1) 黄岩 1(模具企业 1) 安吉 1(政府机构 1)
资产专用性	"成立一个技术平台,集中行业的力量,大企业以合资参股的形式合作,外聘技术人员研发,成果出来后拍卖、共享"; "组织架构以前是扁平化,不同产品由不同制造厂生产""这几天发现资源整合的重要性""形成一个大的生产、大的制造"; "核心自己做,有些铸件外包的"; "不会自己生产,向下游企业购买,不可能什么东西都自己搞"; "聘请外面高工过来,把企业人员派到国外进修学习,完全掌握这套机器的管理维修,总是让他们过来成本高"; "成熟产品在创新上就比较少了,竞争主要靠成本"; "最初由于我们这个企业做产品比较好,其他企业的产品质量无法识别,就拿到我们这里来检测"; "我们拥有好的生产设备,就能进行更快的生产,更加高速的生产,……这样单位产品的工资量就降下来了,这样成本就降下来了,生产就具有规模优势"; "我们主要还是依靠技术改造,促进技术水平的提升……完全新产品的生产是没有的,因此市场环境影响比较大"; "我们这边的生产线只有一条啊,不可能又生产这个又生产那个"; "当时算是初级产品,对设备、人的要求都不高"; "年产的鱼可以把工人的工资、推销等解决,这可以使得养珍珠的成本降低,鱼的利润将珍珠的成本压下来"	瑞安 7(行业协会 1,汽摩配企业 5,医药制造企业 1) 山下湖 4(珍珠生产企业 3,政府机构 1) 黄岩 8(行业协会 1,政府机构 1,模具企业 6) 安吉 4(政府机构 1,竹制品企业 3)

注:引证都来自原始访谈记录。地区后面的数字表明在这一区域内有相应数量的企业或者单位提到了与此相关或类似的语言。

表 3-3 区别构念的主要维度

差异维度	信息对称度	气氛	交易频率	资产专用性
最终结果	信息："1999 年成立协会……第二个功能是信息功能，反馈、发布信息……向外地过来洽谈业务生意的推荐产品"	信任："我们都签订协议的，不牵涉对方的产品核心…产品的核心外观设计也绝对不会透露"	交易内部化："通过提供养殖技术的服务、培训来控制上游，自己有养殖基地……养别人养不了的东西"	公共服务性资源："成立一个平台，集中行业的力量……外聘技术人员进行研发，成果出来后拍卖、共享"
实现方法	信息平台搭建："ERP 系统，效果没有非常好，但也起到了作用，可以节省时间、提高效率"	沟通网络："像我们在深圳的分公司，与当地三十多家公司共同建立了人力资源网，相互了解各自离职员工的情况"	空间替代："更注重市场，纷纷到香港开分公司，跳过香港中间商，自己去对接客户"	公共服务平台："我们……企业做换向器比较好，其他企业的产品质量无法识别，就拿到我们这里来检测"
决策准则	最大化："分公司 100 多个，经销商 800 多个，（营销、信息）网络非常好了"	共赢："一定会提供（设计图纸）的，肯定会的，合作共赢，技术上共同进步，我们产品做不好，在汽车上是装不上去的"	共赢："现在也希望与自己的供应商建立长期的合作共赢关系，也帮助供应商改进技术，会派相关的技术人员、工程人员、质量人员去"	最优化："以前……不同产品由不同制造厂生产……发现资源整合的重要性……形成一个大的生产、大的制造"
分析手段	风险和成本："选标准件要适合国情……价格不是说差 1/3，有可能是成倍的……外面的小厂为了赚钱材料这块就差多……我们很多情况下加工不到位，要靠钳工修、调"	信任和成本平衡："有很多方面，包括老板的信任，有意识地去培养他，让他感觉到信任。待遇方面啊，不会因为特别信任你而给你钱多，因为这里要考虑到员工间的平衡问题"	成本与收益："减少库存，与相关强力企业进行合作（知名品牌的企业），低成本扩张"	成本与收益："企业承包过来整车的模具生产，到时候再分解相应的生产，将自身的产品分给自己的车间生产"

续表

差异维度	信息对称度	气氛	交易频率	资产专用性
关注的焦点	交易对象: "对供应商等级评价,对 A 类供应商提供资金、技术、信息支持,还可以提供预付款"	环境氛围: "大企业互相之间有一种默契,不赞成员工流动"	交易模式: "通货……2006 年以前在做,以后就开始转业,不再直接转卖,而是通过加工增加价值。养殖业不再养殖,而是开始专业化运作"	专用性资源: "像正太、长城等,通过知识产权保护获得了飞速发展"
远期形势	透明度: "××大学教授、博士不懂珍珠,前面 2—3 年是在培养……形成标准化养殖(体系)"	信誉度: "我们信誉很高的,不成问题,上市融资了……"	一体化整合: "做直销,直接销售给客户,不设办事处等机构"	公共资源定制化: "行业协会提供平台(进行特定产品的深加工)"

注:相关引用都来自原始访谈记录。

(一)信息对称度

在这里,我们定义信息对称度为交易双方相互的了解程度、信息获取的一致性,以及个体本身获取信息的能力、方便程度(Nayyar,1993)。从访谈结果看,通常各单位认为提升信息对称度的方法包括建立合适的信息渠道网络,如利用信息技术建立平台,或者在企业之间建立相互联系的网络渠道,以及扩大企业本身的品牌影响力等。同时,还可以通过改善基础设施来推进信息的扩散,如改善交通设施等。当然,建立专业的中介信息机构是最常被提及的方法,如建立行业协会。事实上,大部分被访谈的地区都非常注重中介机构在信息扩散和收集上的功能。而在企业内部,标准化生产流程、推进产品生产系统认证和利用信息系统替代传统生产流程被认为是提升企业内部信息对称度的有效手段(Nayyar,1990)。

相对于其他交易成本的影响因素,信息对称度有其本身的特色。企业在推动提升信息对称度的目标上,主要聚焦于信息的获取以及地区内部的发展或者企业内部的发展,即信息资源的获取不仅仅是为了获取企业生产产品的信息或者销售产品的渠道,同时也能在企业内部建立更加顺畅的沟通渠道或者有效的信号传递渠道。如在我们访谈的企业中,有一家企业就这样描述:"如果我们没有通过 TS16949,就不会与我们合作;甚至有些国外客户,GE 之类,如果没有通过 ISO18000,就不会与我们合作。"很显然,有效的信息传递渠道是企业参与生产、同客户进行交流的基础(Nayyar,1990)。这已经不仅仅是企业通过有效的信息发送来降低在推销或者生产中的协调成本,而且直接关系到企业有效地参与生产系统,获得生产的机会以及参与的机会。同时,有效的信息渠道还关系到企业获得更加稳定的生产订单的机会。如对于汽摩配企业来讲,关于本身产品质量的信息发送是企业在维护本身生产稳定性上的重要因素,高质量的产品使得企业能够获得其他汽车生产厂家稳定的订单,这对于企业长期发展具有积极的作用。也有企业提及,企业之间拥有更加顺畅的信息沟通渠道,对于企业之间建立起相互信任的机制具有积极的作用。一家被访谈的企业这样说道:"像我们在深圳的分公司,与当地三十多家公司共同建立了人力资源网,相互了解各自离职员工的情况,从一家公司里出去的员工其他公司也不会要,这样就减少了潜在的损失。"信任机制的建立是企业降低未来损失的重要方法,在这种情况下,企业通常会拥有更大的信心推动员工的培训。

与其他构念不同,信息对称度关注的焦点更倾向于交易对象本身,远期目标则主要是提升交易双方的透明度。如在交易的过程中,企业对本身具有长期交易关系的供应商进行等级评分,只有具有较好评定等级的企业才可能进入采购名单。事实上,在提升信息对称度的过程中,对外信息的发送是一方面,改变企业内信息发送方式也是一种有效的手段,标准化就是一个明显的例证(Nayyar,1990)。企业为了减少信息不对称,大多时候可能采用标准化的方法来实现整体协调,如在生产的产品中加入标准化配件或者制定标准化的生产流程。事实上,当地的行业协会就正在努力推行模具生产的标准化流程,其中包括原料、工艺、配件等方面的不同标准,并给出了具体的参数要求。

（二）气氛

在这里,气氛主要关注的是在企业之间形成一种相互信任的氛围,但信任不是唯一的目标,有时,区域内的竞争性企业也希望能够形成一种非竞争性、善意的氛围,尤其是在人力资本的获取上,如被调研地区的很多企业都提及在人才获取上非竞争性氛围的重要性。改善地区内部氛围的手段可能包括建立良好的沟通网络,一方面推动信息的沟通,另一方面推动企业之间的非正式交流(Gulati,1995),提升相互之间的人力资本用工方式的了解程度。有时,利用本身的亲戚网络来推进生产或者获取资源,也是建立信任气氛的重要手段。如一家被访谈的企业就这样描述:"一线员工流动性比较大,中高层之间一般都存在亲戚关系,相互比较信任,很少流动……""小企业(在贷款上)肯定相对比较麻烦,需要靠亲戚之间的相互借贷,这是比较频繁的……"关系化交易网络也是改善交易双方交易气氛的重要手段,如汽车生产商为汽车配件供应商提供免费的技术服务,建立起上下游之间交易者的伙伴关系。

与其他的构念不同,在大多数的情况下,改变气氛的最终目标是建立一种相互信任的氛围,无论企业之间是不是签订正式的或者非正式的协议,为降低潜在威胁带来的成本,它们更倾向于营造相互之间的默认的信任气氛,如"我们都签订协议的,不牵涉对方产品核心……产品的核心外观设计也绝对不会透露""像信用记录一样,瑞安本地还没有建立这样的网络,但一些比较关键的技术人员如压机操作员,这些工作的环境比较差(压铸温度180℃左右),其他企业过来的这种员工我们也不会要"。很明显,这种相互信任的以及非竞争性的氛围的建立在很大程度上提升了企业在远期投入上的积极性,提升了企业内部员工提高技术能力的积极性,同时更有利于企业获得外部稳定的客户资源。

建立这种氛围的关键在于形成共赢的局面。如一家被访谈的企业这样说道:"会为我们的供应商提供相关培训……希望与自己的供应商建立长期的合作共赢关系""我们希望通过培训,来提升供应商的产品质量,以保证我们产品的质量"。为了营造这种氛围,企业之间可能会进行持续的沟通或者建立一种默认的机制，如同地方风俗，虽然没有成文的规定，但业内人士普遍认可。

通常，企业是否倾向建立相互信任的氛围，主要基于企业之间或者企业内部的信任增强与外部资源投入成本的平衡，如果能利用非正式网络或社会规范建立这种相互信任的氛围，那么这是它们最经常或者最希望做的，如非正式网络内部的借贷。一旦这种交易关系可能存在不确定性，它们就会采取正式文件合同的形式以规范相互之间的信任、忠诚关系（Oliver，1990）。或者，通过投入资源提升本身在这一领域的知名度，或加入某一组织如行业协会，以增强外部对企业的信任。也可能通过积极的培训及与具有较高知名度企业的合作来实现，但在这个过程中，议价能力上的差异势必使得企业本身的收益受到大企业的影响。

（三）交易频率

交易频率意味着交易双方交易的次数。与其他影响因素不同，交易频率产生的影响在于企业内外部的生产差异，通常这一影响会导致企业的生产模式发生改变，如形成一体化的生产流程、整合上下游供应链等。在对珍珠生产企业的调研中，很多企业都谈到"通过提供养殖技术的服务、培训来控制上游"，而事实上，大多数企业基本都拥有自己的养殖场，专业做通货的企业越来越少，即使是专业从事珍珠产品制造、加工的企业也会有自己的养殖工场[1]。事实上，这种内部化手段也是企业降低外部交易频率的有效手段。通常，这种内部化不仅仅包括生产流程的内部化，很多时候还包括人才智力资本和外部营销渠道的内部化，如有些企业利用外派培训的方式提升企业在这一领域的知识和技能水平，减少外部专家的聘请。这在一定程度上反映了交易频率本身所关注的焦点交易模式，这是交易频率构念与其他因素最主要的区别之一。

内部化不仅仅是企业降低交易频率的一种重要手段，也是改变交易频率的最终目标。相对于其他影响因素，交易频率具有更加外在的特性，与

----

[1]虽然自己养殖可以控制产品质量，但控制交易频率过高和不确定性带来的成本也是一个重要的方面。

企业本身所拥有能力的相关性更小，而与企业本身整体交易的规模及外部竞争者的规模相关性较大（Oliver，1990）。如果企业受到交易频率带来交易成本的影响，那么空间替代的方式是企业经常采取的，如由于原材料外部竞争激烈，为降低原材料供给的不确定性，很多企业都在国内外建立直接的销售、生产基地，或者将需要长距离运输的资源内部化。针对交易频率过高的问题，有时还可以利用高端的信息技术来减少距离和交易频率带来的影响，如专业的咨询服务。在信息技术相对发达的地区，可以直接用技术替代时空。在我们的访谈中就有人提到，"人力资本内部化以替代远距离专用人才资本"，以及"内部化相关生产、销售渠道"以改变交易频率带来的影响。

对于受到交易频率带来交易成本影响的企业，成本和收益分析是企业进行各种决策之前的基本操作（Kochhar，1996）。与信息对称度的基本准则不同，企业或者地区在采取系列决策行为的基本准则上更倾向于双赢。如区域内部交易市场的建立会直接关系到地区知名度的提升以及内部中小企业创业的基础。经常交易的企业双方不仅仅关注自身的可能收益，也会关注对方的收益和相互间的信任，以期实现长期共赢的局面。如一家企业在访谈中这样描述："希望与自己的供应商建立长期的合作共赢关系，也帮助供应商改进技术，会派相关的技术人员、工程人员、质量人员去。"

（四）资产专用性

资产专用性包括人才专用性、资本专用性以及地理专用性，通常这种资产的应用具有很高的专用性、排他性（Kochhar，1996），不能被外部利用，如专利等。在访谈中，企业认为减少交易过程中资产专用性的影响的方式主要包括：建立公共的技术平台以减少专用性技术、资产以及人才的影响；提升生产中的范围效应以减少资产专用性的影响，如"在养珍珠的池塘中同时养鱼，降低了生产要素资源的专用性"；通过外部知识内部化来减少专用性资产带来的影响。这与交易频率虽然有些相似，但不同的是，交易频率关注的交易成本在于多次交易的成本总和，而资产专用性的影响关注的是单次交易为企业带来的成本，关注的焦点在于资源本身。通常，通过专业化分工的方式解决专用性资源高成本的问题是常见的方法，如设备租赁公司的建立以及专用设备的检测服务等。事实上，通过扩大专用性资产的规模效应减少企业生产中的成本耗费，如外包业的发展其实和资产专用性直接相关，一家被调研的企业这样描述："不可能什么都自己生产，没有能力也可能太贵。"

相对于其他影响因素，资产专用性与企业内部的资源联系更为紧密，所以关注的焦点更多与资源要素相关。企业如果在发展过程中缺乏相关资源，在访谈中就显现出非常关注是否拥有相关专用性的资源及其带来的影响。如"像正太、长城等，它们通过知识产权保护获得了飞速发展""最初由于我们做产品比较好，其他企业的产品质量无法识别，就拿到我们这里来检测。"专用性资源①的缺乏也是企业进入生产系统的重要阻碍（Bain, 1956），有时主要以生产要素的形式表现出来，而对于小企业来说，租赁或者承包大型企业的设施是一种比较常用的形式，如一个被访谈者这样说："在我们这里（黄岩），无论是以前还是现在，很多企业都是拿了订单，再到其他大企业去租用相关生产设备进行生产。"

企业如果在生产中受到专用性资源的限制，那么在决策的时候会明显倾向于最优化整个生产流程或者生产模式（Zajac & Olsen, 1993），如一家企业在访谈中这样说："以前不同产品由不同制造厂生产……发现资源整合的重要性……形成一个大的生产、大的制造。"还有很多其他企业也更加关心生产中的"资源利用效率"或者"资源的沉没成本"，所以就有很多企业尤其是中小企业基本上没有相关生产设备，它们在拿到订单后依靠租赁大型企业的设备进行生产。这些企业在进行决策分析的时候，会更加关注投入的资源以及获得的收益之间的关系（Zajac & Olsen, 1993），最优化自身生产资源的投入模式是企业在生产中进行决策的基本准则。

---

① 主要指制造加工的设备及场地，通常能够通过资本投入获得。

四、市场包容性的影响因素

包容性相关维度及其引证如表3-4所示,区别各影响要素表述的不同维度如表3-5所示。

表3-4　包容性相关维度及其引证

包容性相关维度	关键特性	引证	有明显表现的地区
机会包容	资源丰裕性、机会丰裕、开放、成长潜力	"……不管怎么样,我们接单的话,他到了这边可能进一步挑选,但至少我们能够把客人吸引过来……再通过我们的优势去争取客人"; "如果平时是100%稳定的话,最起码金融危机是90%稳定"; "有些客户是慕名而来的,黄岩的模具比较好……但他们也找厂家,拿着一个要做的东西,从品质到价格都要充分比较,找有实力、价格公平的那家"; "最起码外来的客户知道这是黄岩模具博览城,里面都是做模具的,我需要模具就到这里来谈"; "市场上出现什么机会,比如政府补贴、家电汽车下乡啊,肯定需求量比较大……那我们能够接到这种模具的机会就比较多一点"; "技术性强的东西,比技术性不强的东西市场可能还要大"; "模具市场这么大,几个人组成的一个小企业,在没有设备的情况下,只有靠加工企业来加工……模具加工是比较多的,各个环节都有加工"; "经常到相关企业问问知不知道你……不一定现在就有生意,但多联系联系,等有生意了就会想到你"; "你有设备可以做,也可以到别人那里租过来做,他们都是哪个价钱便宜到哪儿去做"; "这种集中不是说几个小企业瞎搞的,都是上了档次的,比较好的企业才能坐在这里,别的模具企业根本享受不到这些"; "比如说整合关系网络,企业间的网络、老板个人的关系,这种整合起来可能有利于企业去拓展新的客户……他们的要求跟我们的定位吻合的话就可以考虑合作"	山下湖4(珍珠生产企业3,专业市场1) 黄岩6(模具企业6) 安吉3(竹制品企业3)

续表

包容性相关维度	关键特性	引证	有明显表现的地区
参与包容	规则设定的高度认知、健康的竞争、竞争中的发言权、多能力导向、效率和效益导向	"捆绑在一起,你去和车厂谈的话就有优势,因为任何一个人吞不下一辆车,但这个集群能够和这些企业去谈……能在整个产业上发挥优势"; "一个在技术上可以得到相互的交流,另一个在零配件上、加工件上可以比较及时、快捷,随时可以去买"; "老客户优惠,产品质量要求配合比较快捷,服务到位,价格都市场化,差不到哪里去"; "同行之间,偶然合作是有的,有些情况是技术上碰到一些(难题),大家相互探讨一下,切磋一下"; "技术性比较强的东西……不懂的小企业来问我们,我们都会告诉它,但如果说模具拿来认我的厂名去做模具,我们是不做的"; "在加工资源、设备资源上,大家可以互相流动,假如说你是专长做这一块的,我是专长做另一块的,那我们买了设备通过你现有设备进行互补"; "像模具协会叫我们去交流模具产业如何发展等,这样面上的交流是多的"	山下湖3(珍珠生产企业2,专业市场1) 黄岩7(模具企业6,行业协会1) 安吉6(竹制品企业6)
分享包容	以价值为导向、短期和长期价值结合、共赢导向、效率和效益导向	"企业自身在逆境当中走,我们呢,反正千言万语一句话,我们一靠自己的技术,二靠诚实对待客户"; "我们企业绝对不会挖人……新员工必须交招聘登记表,什么时间在什么地方做过什么,如果短期在其他地方做过,我肯定要问在那个地方是否签订了劳动合同,没有签订的,我打算去询问那家企业,如果签订了我肯定不要"; "质量好,价格便宜,老客户都会找上来"; "如果你不把他们培养好的话,你也找不到好的合作伙伴,如果你要做高端的话,你必须要把你的合作伙伴培养起来,这样的话他支持你,你才能做得更好"; "比方我们的客户想到别的地方看看,我们都把他车子送到别家公司,别家公司也会这样做"; "如果你不参与客户开发,你就永远不知道这个信息"; "政府通过拨款的形式来鼓励你们搞科技创新,前提是你的东西一定要有优势"	山下湖3(珍珠生产企业2,专业市场1) 黄岩7(模具企业6,行业协会1) 安吉6(竹制品企业6)

续表

包容性相关维度	关键特性	引证	有明显表现的地区
分享包容	以价值为导向、短期和长期价值结合、共赢导向效率和效益导向、	"在我们大家都有点利润的情况下接单,是双赢的"; "我们的客户根基比较牢靠,市场上原材料涨价,成本提高,相对来说,在某些投资方包括客户的付出的情况下应该提高一点"; "模具协会组织的大型的小型的活动,参观、考察,最起码人家的好多经验值得我们学习,在管理上、企业生产上、人力管理上……能安排出去的时间,我们都出去"; "比如说现在黄岩马上就要建模具博览城,像我们理事单位、会员单位、会长单位可以享受到一些优惠政策"; "这个大楼不是租别人的,是几家单位自己买的,有优惠的,包括土地、造价什么的"; "能够拿到什么楼层的,必须一年产值达到多少,因为你产值达到多少,说明对黄岩模具有贡献,税收多,所以享受到政府给你的优惠"; "模具企业参加相关模具的博览会……政府会补贴……(补贴)展会费用的30%—40%"; "比如技术设计方面还是有共性的,现在软件像UG、PROE、CAD等基本上都是差不多的,交流么像有些我们协会也会组织"; "一年以内开50平方米以上的店,开到多少家以上,他会有补助的,比方说一个店补助多少钱"; "设备从国外进口,政府补贴,一般情况下给退税,减轻成本……国外的设备先进"	山下湖4(珍珠生产企业3,政府机构1) 黄岩6(模具企业6) 安吉4(竹制品企业4)

注:相关引证都来自原始访谈记录。

表3-5 区别各影响因素表述的不同维度

差异维度	机会包容	参与包容	分享包容
最终结果	自由参与: "到国外参展补贴、技改补贴,按照投资额的比例,有些高有些低,按面积补贴比较公平,因为出去是代表黄岩,对黄岩品牌有所提升"	公平竞争: "政府目前也是这样在做,企业把自己最核心的东西拿去申报,能打动它,它就给你,技术达不到就肯定是给那些更好的,基本上也是这样在做"	价值实现: "你的付出,我们根据这个给(多少都会给),出来打工也一样,谈贡献"

续表

差异维度	机会包容	参与包容	分享包容
判定准则	资源开放： "不管怎么样，我们接单的话，他到了这边可能进一步挑选，但至少我们能够把客人吸引过来……再通过我们的优势去争取客人"	资源能力匹配： "大企业相对来说在技术上、税收上都有一定优惠政策。我们中型企业就按照自己的本分去做。有些肯定要考虑档次，肯定是档次越高，享受的优惠越多了"	共赢： "市场上原材料涨价，成本提高，相对来说，在某些投资方包括客户付出的情况下，都应该提高一点"
分析手段	资源和成本约束： "毕竟资源有限，包括现在土地紧张等，限定①只有这几个单位能够坐在一起，不能够不管大小都享受"	信息交互与规则执行： "像政府的优惠措施等，用传真的方式……一般情况下规模以上的都发"； "跟客户之间的交流……如果你不参与客户开发，就永远不知道这个信息"	成本与收益： "必须一年产值达到多少……有贡献，税收多，所以享受到政府给你的优惠"
关注的焦点	参与基准： "在黄岩模具博览城的几家公司……大致都是产值、技术力量能够做到(一定程度的)……最起码外来的客户知道这是黄岩模具博览城，里面都是做模具的，我需要模具就到这里来谈"	竞争准则： "劳动密集型企业面临新一轮洗牌，不是政策淘汰，而是市场淘汰……政府是这样，你技术达到一定程度，它就会支持你"	要素价值： "展会上交流带来新的信息，是无意中的财富"
远期形势	自由度： "你有设备可以做，也可以到别人那里租设备过来做，他们都是哪儿价钱便宜到哪儿去做"	透明化： "客户也是很透明的，客户对整个市场了如指掌。今天我的客户也许明天就变成你的客户。如果有些企业不能满足客户要求，客户就会跑到能够满足他的地方去"	价值观： "有的时候我们开发新的客户，刚开始几次不赚钱，建立良好的形象……做口碑"

注：相关引证都来自原始访谈记录。

（一）机会包容

机会包容主要是指个体所处的社会中拥有足够的可以自由获取的参与

---

① 限定标准是市场自由竞争的结果，也就是说资源分配效率最高的企业能够在市场中获胜。

生产的机会,机会包容的最终体现形式是社会生产机会的自由参与。访谈的结果表明,机会包容主要体现为生产参与机会的自由和充裕性,即在获取参与生产机会的过程中,个体不会受到外在的非理性、非道德的约束,弱势群体这种基本的参与权利也能被保证,使其能够通过机会的获取消除其在最终资源获取上的劣势。当然,对于强化机会包容的手段和参与、分享包容的手段基本不存在很大的差别,能力、制度、壁垒是重要的方面①,本书的研究主要聚焦于交易成本这一领域。如果说,机会包容不仅仅体现为机会获取的自由性,还包括机会获取的充裕性,那么经济的发展必然是作为重要的基础而存在的。

处于这一生产系统中的企业,如果认为生产系统中机会是包容的,那么通常就认为这一生产系统中的资源是开放的、自由竞争的,不会受到相关的非理性的资源或者成本约束,导致企业不能借助个体的能力实现自由的竞争,获取市场中开放的机会。如一家被访谈的企业这样描述在机会包容情况下市场应有的竞争模式:"有些客户是慕名而来的,黄岩的模具比较好……但他们也找厂家的,拿着一个要做的东西,从品质到价格都要充分比较,找有实力、价格公平的那家。"大多数的企业认为,这是一个理性的市场所应该具备的竞争模式。

当然,企业需要能够自由获取竞争的机会,但在有限资源分配的条件下,如何有效分配资源则取决于资源本身的充裕情况以及个体对于资源生产的效率和社会政策的贡献。在这样的情况下,通常资源越充裕,弱势群体的参与壁垒越低,当然这种壁垒可能并不是来源于外在的约束,而是源于个体能力、资源本身,因此,个体通常认为机会包容度是足够的。例如,当国家出现政策性机遇的时候,如政府补贴、家电汽车下乡等相关政策,对于企业生产的需求量就比较大,企业接到各类订单的机会就比较多。但是,在市场中机会有限的情况下,企业获取资源的机会就需要有一定的基准设定,而这种基准设定的基础是个体资源生产利用效率及其对于社会的贡献能力,如

---

① 关于交易成本与能力、制度以及壁垒的关系已经在前文做了明确的描述,采用交易成本作为基本的分析单位和视角的原因也已经明确。

在谈及企业土地资源获得的时候,很多企业这样看:"毕竟资源有限,包括现在土地紧张等,限定只有这几个单位能够坐在一起,不能够不管大小都享受……在黄岩模具博览城的几家公司……大致都是产值、技术力量能够做到(一定程度的)……有贡献,税收多……"在这样的情况下,有限的资源使得必要的资源分配能够依据市场竞争准则实现最大化的资源利用效率以及考察这一资源分配模式下的社会效益,这对于机会包容的体现来讲是一种最为直接和有效的形式。各个被访谈对象认为,机会包容通常需要体现出开放的竞争环境,在自由的竞争背景下,社会参与基准的设定需要依据个体的基本能力以及个体对于社会的基本贡献来进行,即在基本的分析过程中,主要考虑企业参与的资源和成本限制、约束来源的合理性。

对于一个真正趋于包容的社会经济体来讲,如果实现了真正意义上的机会包容,那么必要的背景必然是拥有足够的资源以提供必要的自由竞争的机会,即个体拥有自由的参与权,被竞争的个体也拥有自由的选择权。在一个完全自由竞争的市场机制下,为实现个体最佳的竞争能力,选择方和被选择方必然趋于联合具有最高效率的对象,以实现个体本身、社会效益的最大化。

(二)参与包容

参与包容主要指个体参与生产过程后,能够享受与别的个体相同的竞争待遇,即市场竞争的规则是公平的,能够最终使得最具竞争能力的个体脱颖而出,个体的能力是个体最终获得竞争成果的基础。依据被访谈者的描述,参与包容的表现是在个体参与生产竞争系统的过程中,生产竞争所提供的公共资源如信息等存在外部性的资源是可以自由获取、自由分享的,生产竞争的规则是公共认可并能够识别出市场中最具竞争效率个体的,同时在生产竞争过程中,权威部门所发表的公共信息是完全公开、透明的,市场竞争结果不会由于权威部门的意向而扭曲,竞争个体间建立了有效的相互信任的良性竞争机制。

通常,参与包容需要最终体现为资源获取与个体能力的最佳匹配,即竞争流程能够识别最具竞争效率的个体。在最终的判定准则上,与机会包容和分享包容不同的是,参与包容主要意味着在竞争的过程中,最高效率者能够通过这样的一套制度体系得到有效识别。而判断这一制度的合理性的依据则主要在于竞争过程中的信息交互以及规则执行:在整个竞争过程中,公共部门所提供的信息对所有企业一视同仁;在整体的规则执行上,严格地按照被认可的规则进行竞争。如在描述及参与包容的过程中,被访谈的个体常这样描述:"像政府的优惠措施等,用传真的方式……一般情况下规模以上的都发。"在这样的背景下,个体能够获得足够的必要的信息以及同相关部门的交互。

参与包容的系统竞争规则的设定需要考虑规则是否来源于被广泛认可的竞争机制。对于参与包容来讲,关注的焦点在于整体的竞争规则设定,这样的规则要求个体体现出本身的能力优势,要求其相对于其他竞争体来讲在整个社会效益上能达到更优,如一家被访谈的企业这样刻画一个包容性竞争市场应该具有的基本条件:"劳动密集型企业面临新一轮洗牌,不是政策淘汰,而是市场淘汰……政府是这样,你技术达到一定程度,它就会支持你。"如果说一个系统的参与过程是包容的,那么在整个参与过程中的竞争规则的设定是基于市场自由竞争、能力的,并且代表了未来技术、资源利用发展的方向。

对于一个参与竞争系统的个体来讲,一方面要提升对于社会生产系统参与包容度的感知,基本方法可能是推进信息的交流、推进同规则设定者在规则设定上的信息交互;另一方面则要增进对各个竞争者间能力对比的基本情况的了解,推进个体间的相互信任,即要在社会竞争的整体流程中,推动流程的透明度的提升。而透明度的提升不仅仅关于信息发送方,如各类信息发布平台,也需要个体积极地去寻求相关信息,如参与到特定的群体中,通过信息网络了解到个体由于基础限制而无法有效获得的相关信息。如一家企业就认为,如果不能同自身的客户有效交流,那么有些必要的信息可能会由于缺乏沟通而被忽视,"跟客户之间的交流……如果你不参与客户开发你就永远不知道这个信息",这类信息可能包括了市场主流的导向以及市场技术竞争发展的方向等。

(三)分享包容

分享包容是指在生产成果的分配中各类参与生产的群体、要素都能够依据个体所做的贡献进行合理的分配。首先,分享包容主要表现在最终结果的分配上,即社会价值的索取,而参与包容则体现为对于生产系统本身的付出;其次,分享包容还需要体现付出与价值索取的对等性,分享和参与直接相关,如果没有一套合理的竞争规则,那么个体的能力就难以得到有效识别及发挥;最后,分享包容与机会包容类似,需要考虑整体资源的丰裕情况而进行合理的分配,社会系统中的弱势群体即使不能获得参与机会,也应获得必要的资源以保证社会系统的可持续性。在被调研的个体看来,共赢的实现、社会贡献与个体收益的趋同、付出与回报的对等、技术价值的体现、良好的资源分享氛围等都是分享包容的体现形式。

如果处于生产系统中的个体认同生产系统的分享规则,并且认为这样的规则是包容的,那么这种规则必将是能够推进共赢的。这与传统理性个体假设的最大区别在于,个体目标不在于最大化自身的利益,而在于最大化合作团体的利益,包括短期的和长期的。被访谈的个体这样描述其分配过程:"在我们大家都有点利润的情况下接单,是双赢的""我们的客户根基比较牢靠,市场上原材料涨价,成本提高,相对来说在某些投资方包括客户的付出的情况下应该提高一点"。在这样的现实运营背景下,企业、个体的分配都被认为是合理的,双方的努力结果和自身的约束都得到了尊重,并且个体的付出价值得以体现。

更加直观地讲,如果一个个体参与生产系统,那么生产系统所体现的价值是不是以要素价值为基础,是系统包容性判定的重要标准,而在这一要素价值的体现上,则需要比较要素成本和最终收益。在一个具有包容性的生产系统中,各类要素的价值是以其在社会生产中的贡献程度来体现的,而不是以资源的公平划分来体现的,如当被调研者被问及要素价值可能通过哪些形式体现的时候,被访谈的企业说:"展会上交流带来新的信息,是无意中的财富,"他们认为这种信息能够有效地推进企业在技术上的进步、在竞争能力上的提升等,要素的价值并不是简单地参与生产个体的汇总。投入成本与最终收益的对比是要素价值的体现,个体不仅仅需要获得收益,还需要依据整个社会系统的最终资源生产情况和个体在整体要素生产中投入的生产要素的情况而进行合理的分配。无论资源是否充裕,个体对于自身努力投入的价值体现的认知都是生产系统分配包容度的主要考察方法,当然这种认知是基于个体对于社会的整体贡献程度而言的,如当谈及政府给予相关企业必要的税收减免时,一个被访谈者说道:"必须一年产值达到多少……有贡献,税收多,所以享受到政府给你的优惠。"

事实上,对于不同的企业来讲,对于社会生产系统的认知不仅仅表现在价值体现上,如果从长远的角度来看,很多个体更加愿意认同这种包容性体现为价值观的改变。如果说要素价值是包容性的直观体现形式,那么良好的价值观是一个更加良性的共赢的社会分配系统建立的基础。事实上,在这样的生产系统中存在这样一些企业,它们投入资源培养自身的供应商,培养自己的采购商,但这些投入的资源在短期内甚至长期内都无法获得回报,如一家企业这样描述本身的投入:"有的时候我们开发新的客户,刚开始几次不赚钱,建立良好的形象……做口碑。"虽然这种投入得到的回报是无形的,甚至有时候是难以体现的,但这种投入可能有利于整个生产竞争系统的收益的增长,实现地区性的社会效益的提升。如一个被访谈者谈及这一问题时,他这样描述企业愿意无偿给予相关企业技术、服务支持:"我们提升了本地的相关企业的能力,有利于推动良好的地区性品牌的建立……外面的客户会慕名而来,这将会有利于地区整体经济的提升……这对于社会整体的良性发展是好的。"

第五节 交易成本与包容性发展作用机制的改进模型

为更加深入地理解不同的地区是如何通过降低交易成本实现区域内包容性提升的,本节将对交易成本即包容性发展之间的关系以及影响交易成本改变的情境做出更加细化的分析。本书主要提出了三方面的情境用以分析改变交易成本的影响因素,即环境特性、企业特性以及产品特性。图 3-1和图 3-2 给出了不同的情境下各类影响因素之间的关系。本节将分析交易成本改变如何影响个体对包容性认知的改变,进而探讨相关情境对相关影响因素的作用机制。

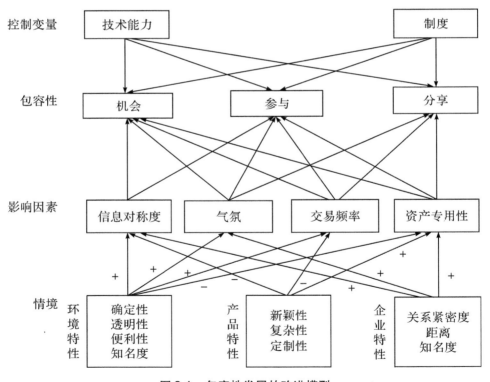

图 3-1　包容性发展的改进模型

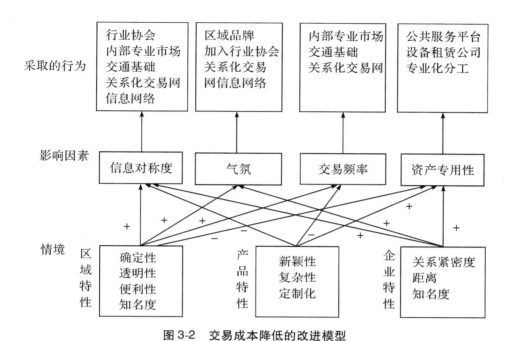

图 3-2 交易成本降低的改进模型

一、交易成本降低与包容性发展

(一)信息对称与包容性发展

1. 信息对称与机会包容

按照分配偏好理论(allocation preference theory)(Leventhal, 1976),拥有充分的信息是个体公平判断的基本原则,而在包容性感知过程中,信息对称不仅能促进个体对竞争过程公平性的判断,而且对于生产系统机会的提供具有显著的促进作用。

信息对称度的提升能够丰富外部的机会资源,同时改变机会资源的分配模式,使得这种机会资源向最有竞争能力的个体转移。事实上,对于企业来讲,机会资源的获取有赖于本身能力的构建以及企业自身对于外部信息的发送,尤其是自身对外信息的发送能够有效促进外部个体依据企业在业界的广告效应推动外部需求者加入个体生产系统。而对于企业个体来讲,这种信息的发送不仅仅是一种本身的信号传递,同时还可能包含了企业本身在这一产品领域的基础能力以及信誉(Spence, 1974)。同时,信息对称还可能通过区域品牌的形式实现,在中国产业集群的初始发展阶段,地区政府就非常重视推动区域产业品牌的构建,这种产业品牌的构建带来了区域的影响力,虽然区域内某个体企业不可能直接从中受益,但事实上对于公共利益来讲,这大幅提升了区域内部个体获取机会的可能性。在访谈中,有不少企业认为这种区域性或者个体性的品牌虽然不能给个体带来直接的效用,但对于区域整体来讲存在一种正向的影响。如当被问及黄岩模具品牌建设的好处的时候,一家企业就这样说:"黄岩是汽车注塑模具高端生产的一个非常重要的地方,不管怎么样,我们接单的话,他到了这边可能进一步挑选,但至少我们能够把客人吸引过来……再通过我们的优势去争取客人,这样通过设备、市场、品牌的集群对我们的企业是有帮助的。"因此,温州瑞安、黄岩等地的政府、行业协会在积极推动区域品牌建设的时候,还积极地维护了当地品牌的名声,遏制了不正当竞争导致的负面影响。

信息对称还将带来机会资源的优化配置(Fombrun & Shanley, 1990)。在竞争相对激烈的行业,尤其是那些具有固定生产模式和标准件配套的产业,生产产品的耗费相对透明,如黄岩模具:"有些客户是慕名而来的,黄岩的模具比较好……但他们也找厂家的,拿着一个要做的东西,从品质到价格都要充分酝酿,找哪家有实力,价格公平。我们的企业在黄岩,人也是黄岩土生土长的,像陈总他们都是从基层做模具开始,一点一滴地,对模具相当精通,一副模具需要多少材料多少钱他可以很快计算出来。"在这样的背景下,企业通常有意愿通过技术创新、流程创新降低企业内部的成本或者提升单位耗费的产品生产效率。客户在这样的背景下通常依据价格直接选生产效率最高的企业,事实上,信息足够对称使得那些没有足够生产能力的企业进行投机的可能性大大降低,如企业进行投机生产,由于在这个市场中竞争足够激烈,并且竞争获取的资源是与竞争者获得能力对等的,如果出现投机的行为,非常容易被同行企业检举,并受到来自政府、行业协会等的惩罚。如一家被访谈的企业就谈到在这种信息相对透明的情况下,企业间公平竞争的类似问题:"我们带过来一个客户,报价 40 万美元,结果别人报价 25 万美元,差 15 万美元,他说用 PLO 的料,我说这个成本都不够,我让他们拿去检测模具,料拿去化验,材料都是 45 号钢,偷工减料,最后没办法,模具给退回去……"在信息足够对称的背景下,企业间的竞争将有利于资源的最优化流动和配置。

此外,信息对称度的提升还将改变机会的来源模式和企业以及利益相关者之间的合作竞争模式。在传统意义上,个体获得相关生产机会的主要渠道包括信息宣传以及亲戚朋友间的关系网络。信息对称度的提升使得基于亲戚网络或者政府关系的这种非正常关系的渠道不再那么具有价值,尤其是在现阶段,政务公开、信息透明度不断提升的背景下,这种关系将不再起到决定性的作用,如一家企业这样评价信息对称对于非正式网络的影响:"老外不看的,哪个便宜叫哪个做……"而作为发展中国家,在制度相对不完善的情况下,政府关系的价值也会随着信息对称度的提升而改变。虽然说权力是腐败的主要源泉,但缺乏有效的足够透明的监控体系是权力出现腐败的重要原因,因此信息对称度的提升还将进一步改进政企间的关系,推动一个更加公平、公正的机会资源竞争体系的建立(Leventhal,1976)。

因此,基于上述分析,本书提出:

假设 3.5.1:信息对称度的提升对机会包容存在正向影响。

2. 信息对称与参与包容

工作的需求被看作个体体现其本身责任能力的有效手段(Janssen,2001),每个个体都存在这种需求。按照可行能力理论(activation theory),个体能力和个体工作需求存在最佳的匹配,只有当工作本身的能力需求与个体能力有效匹配时,个体才会拥有最佳的工作绩效以及满意度(Sen,1992)。信息对称度的改变将通过促进个体能力的发挥和个体价值的实现,改变个体对参与包容度的感知。在一个信息足够对称的环境下,个体之间的信息交互相对充分。在信息对称的环境下,企业之间更加容易推进在生产流程等相关领域的合作,交互能够促进个体对于最终结果公平性感知的提升。如对于生产同一类型产品的企业来讲,企业和企业之间都会有自身的一套技术秘密,但在某些领域由于具有高度的标准化以及高度的生产透明,企业之间相互学习和交流的可能性很大,如大规模标准化生产的生产标准体系建设、模具产业的制造软件的学习交流等。事实上,这种基于标准件的生产流程交流是企业间交流的主要内容,也是政府、行业协会等非生产机构推进企业间交流的主要手段。当被问及企业间横向交流的时候,一位受访者回答:"交流还是有的,主要是在行业协会的软件培训班上……"

信息对称度的提升还将改变地区内部生产竞争的配套体系,这对于区域间的竞争具有重要的价值,从而提升系统整体的福利水平。对于一个地区性的系统来讲,地区知名度的提升尤其是区域品牌的构建促进了大量生产配套个体的进驻以及相关配套生产企业的出现(Pouder & John,1990),如黄岩区模具市场的原材料、物流、电镀,山下湖镇珍珠市场的设计、品牌推广等配套体系的出现。这些配套体系的出现首先表现出其在区域生产系统内利基市场的价值,其次则是通过规模成本降低由地区偏远高交易成本导致竞争优势削弱的可能性,延长集群内部企业的寿命。因此,在浙江这样一个不算大的省内,出现了大约 4000 个以某一产业为主体的特色产业集群,这对于推动区域间竞争能力的升级具有重要价值。事实上对于产业集群的价值,当地的企业家这样评价:"一个在技术上可以得到相互的交流,另一个在零配件上、加工件上可以比较及时、快捷,随时可以去买。"

信息对称度的改变同时还将改变生产竞争系统内部竞争模式的规范,提升企业之间的信任程度,形成共同利益基础。如在传统意义上,部分企业通常由于在技术和外部客户需求上相对缺乏,可能通过各种不正当的手段获取必要的资源。但这种不正当竞争的直接后果是损害了地区内部产品的品质和形象,带来了严重的负面影响。在这样的情况下,首先,各地的地方政府和行业协会开始思考通过一种有效的机制约束企业之间的恶性竞争,如在生产系统领域制定必要的生产标准,不能达到标准的将被淘汰。其次,企业也开始认识到这一问题的严重性,尤其是企业之间的人员流动直接导致了企业对产品质量不能实现有效管控,因此在同一生产系统内的很多企业开始考虑建立统一的人力资源管理系统,并实现这一系统的互通,如果出现某一员工在合同期内流动的情况,其他公司可以直接观测到这一员工的基本资料,并不太可能录用这一员工。如一家企业这样描述自身维护企业间关系和录用员工的准则:"我们企业绝对不会挖人……新员工必须交招聘登记表,什么时间在什么地方做过什么,如果短期在其他地方做过,我肯定要问在那个地方是否签订了劳动合同,没有签订的,我打算去询问那家企业,如果签订了我肯定不要。"当然,竞争规则的改变不仅仅限于企业和企业之间,事实上信息对称度的提升同时还改变了政府、权力中心的参与模式。正如权力关系的应用可能改变资源的获取模式,政府权力的介入也会改变企业之间竞争的平衡,尤其是在依赖土地、公共资源的生产领域,如果公权力得不到有效的监督,不能让个体竞争有效地依循生产流程规章进行,那么将导致资源流动、匹配的非效率性。而信息对称度的改变,不仅仅会改变机会资源的分配模式,同时还将改变企业之间竞争重点投入的模式,如在一个相对腐败的地区,竞争的资源可能会很大一部分被投入政府等公权力部门,而在一个相对透明、公正的环境下,资源的投入将主要聚焦在技术创新、内部管理控制领域。

进一步地,信息对称度的提升还将改变竞争规则的制定方式,按照分配偏好理论,这将提升个体的包容度、公平度感知。在一个相对封闭的系统内部,规则的制定由于缺乏系统的监督以及受限于个人理性和利益的影响,难免受到本方利益群体的影响而出现扭曲,在这样的背景下,弱势群体可能缺乏有效的上升渠道,并且这种限制将最终导致社会阶层的分化,推动社会阶层的对立。但在一个信息相对对称的情况下,政策制定者、利益方之间能够通过有效的信息沟通实现本方利益的传达,同时对于非公平的竞争规则也能够传达不满和评判,并提出有利于多方的折中方案。在一定情况下,个体更加愿意接受经过本身认同的各种约束规章。事实上,行业协会的建立正是基于这一目的,并且其功能正在不断完善,如一位企业家这样评价行业协会:"行业协会为企业提供信息,参展报到协会或者外经贸局,需要政府解决的难题也反映给协会。"正是这种政策制定者、经济实践者之间的有效沟通渠道,才使得区域内部经济发展能够保有持续性,并且通过广泛的实践基础的验证,这种模式还将有利于推动具有高技能但缺乏经济实力的企业的出现和成长,以保证未来经济发展的可持续性。

基于上述描述,本书提出:

假设 3.5.2:信息对称度的提升对参与包容存在正向影响。

3. 信息对称与分享包容

信息对称度的提升可能通过改变在位生产企业的议价能力、规则挑战能力来实现企业或者生产者本身对产出分享和分享公平感知的改变(Coff,1999)。最为直接的影响可能来自外部竞争信息的不断增多,在这样的情况下,对于一个没有足够议价能力的企业来讲,可能会面对消费者本身的价格对比。在这种背景下,生产者为了能够维持持续性的生产,不得不通过降价来应对同行业其他企业的竞争。在这种情况下,更加公平的市场竞争系统的建立有利于利益依据要素本身的价值更加均衡地分布于生产系统的各个环节内部。另外,生产系统中高度的信息对称有利于生产者搜寻到具有最佳成本质量比的原料或者本身所缺乏的互补性技术源,在这样的情况下,持续性的投资有利于生产者本身培养出相对较优的技术基础,带来企业在市场上相对较高的竞争能力,从而有利于市场内部竞争、收益系统的平衡。

信息对称度提高后,个体也会依据本身所获得的信息进行合理的投入,使得自身在投入的过程中能够尽量减少可能产生的损耗。相比于信息不对称的情况,个体可能获得更加合理的外部资源回报,尤其是考虑可能出现的沉没成本以及外部市场竞争中的不确定性风险,这种收益可能是显而易见的。我们在瑞安市汽摩配产业集群调研过程中了解到,产品生产系统的标准化以及产品本身质量标准的出现,使得采购商或者消费者在采购相关产品的时候遇到的产品质量问题或者质量不过关的情况大大减少,这也说明了为什么国外采购商要求相应的企业必须通过特定的生产标准:"如果我们没有通过 TS16949,就不会与我们合作,甚至有些国外客户,GE 之类,如果没有通过 ISO18000,就不会与我们合作。"在这样的情况下,现实世界中的各类产品基本上都会有特定的行业标准来约束生产或者保证质量,或者特定的生产设备会有特定的生产技术标准,由原材料不过关或者本身技术不过关导致要素投入无法获得回报的情况大大减少。因此,信息对称度的提升无论是从分配偏好理论上看,还是从实际投入产出比看,分享包容度都将得到提升。

基于以上论述,本书提出:

假设 3.5.3:信息对称度的提升对分享包容存在正向影响。

(二)气氛与包容性发展

1.气氛与机会包容

相互信任的良性竞争氛围有利于构建共赢的经济生产系统,尤其对于同一生产集群内部的企业来讲,良好的竞争氛围是个体间合作的基础,这可以通过社会交换理论(Emerson,1962)以及生物进化理论进行相应的解释。内部竞争的群体在外部稀缺性资源不明确,且双方存在长期共同利益的情况下,会更倾向于通过合作实现资源获取。在生产系统内部,尤其是一个成熟产品的生产系统,专业化的系统分工能够促进内部专业技术能力的提升,同时还能减少个体进入生产系统的资源限制,而对于专业化水平相对较高的生产系统来讲,单位产品的规模化生产有利于推进个体的成本降低。因此,在专业化程度相对较高的系统内部,通过有效的专业化分工,系统内部良好的合作将有效提升系统本身的竞争能力,这将转化为与其他区域竞争的优势,能够有效推动外部客户对于这一地区的认知,促进地区内部机会资源的丰富。而事实上,这种宣传是以企业间的良好的合作和竞争机制为基础的,如果没有良好的合作体系、完善的配套生产系统、地区品牌的建立,地区内部的竞争会带来逆向选择的可能,最终导致整个集群系统的崩溃。

良好的竞争氛围将有利于企业间的竞争与合作,有利于提升区域的合法性(legitimacy),通过构建良好的竞争与合作体系实现最大化的社会效益。在一个竞争的生产系统内部,良好的合作和竞争体系有利于构建良好的客户关系网络,推动产业集群内部在客户中建立口碑。事实上,基于客户口碑的宣传是重要的,也是最为有效的宣传手段,但这种口碑的建立首先有赖于良好的产品质量,其次则是过硬的技术标准,再者是良好的客户关系的维护。产品质量的保证在很大程度上有赖于地区内部良性的竞争体系,如对于大部分客商来说,他们的标准主要来源于性价比,但由于产品本身质量的隐蔽性,只有通过一段时间的检验才能被检测出来,那些保证产品质量但生产耗费高的企业可能得不到订单，这样的情况容易导致集群声誉的损害，最终带来区域系统利益的降低。在被问及企业获得外部订单的可能性的时候，一家企业答道："每个企业进行大的投资，还是要亲自来看一看。口碑等比较重要……"

企业之间良好的信任气氛还有利于个体获得外部资源，尤其是金融和短缺型的原材料资源。对于企业来讲，尤其是刚开始运营的小企业，缺乏必要的资金支持通常是企业运营出现问题的主要短板，而对于这些小企业来讲，通常获得资金的渠道包括亲戚网、地下贷款，最后才是正式贷款。其中，亲戚网是最重要的资金渠道，一方面由于相互间的信任和了解，另一方面因为地下贷款利率高，以及正式贷款的进入门槛太高。而事实上，这种基于亲情的关系网的应用是农村经济发展的重要基础，也是企业原始资本积累的重要手段。如一家被访谈的企业就这样说道："小企业（在贷款上）肯定相对比较麻烦，它们需要靠亲戚之间的相互借贷，这是比较频繁的……"良好的信任机制也有利于企业生产系统的维护，事实上，对于一个足够大的生产系统来说，尤其是生产汽车整车这种相对复杂的厂商，它们与配套供应商之间的合作关系是相当微妙的，很多时候，供应商提供成品设备，而这些资金需要等到生产商售出产品后才能拿到，这中间的时间耗费可能达到3~6个月。而这种情况其实在供应商和自己的老客户之间也是经常发生的，老客户不但能拖欠一定时间的货款，有时候还能比别人更快地获得稀缺的资源、材料，如一家被访谈的企业就这样描述他们和供应商的关系："这个买料很容易，我们都这么长时间了，我们十几年了，人家买不到，我们打个电话就来，这就靠我们的信誉。"

基于以上的论述，本书提出：

假设3.5.4：信任气氛对机会包容存在正向影响。

2. 信任气氛与参与包容

从社会交换理论的角度来看，良好的竞争氛围将有利于推动企业之间的交互、信息交流，尤其对于改变企业之间信息交流的机制至关重要（Emerson，1962），有效的交流和参与能够提升个体对竞争系统公平性的判断水平。对于存在竞争关系的企业来讲,良好的气氛将推动企业之间在信息、专业性技术上的分享。事实上,集群中的大企业为了实现产业集群内部生产系统的整合,通常充当了信息传递者和整合者的角色。它们通过整合产业内部具有互补性技术的个体,达到项目攻关的目的,而这种参与的模式是以企业之间对各自能力的信任以及对自身技术的信心为基础的。对于大部分企业来讲,相互间的信息交流是不可能的,即使有,也仅仅限于有限的共通性知识:"同行之间偶然合作是有的,有些情况下是技术上碰到一些(难题),大家相互探讨一下,切磋一下""很多公司是犯大忌的,技术的东西探讨过多的话,特别是黄岩,很多都是同行企业,你叫他们技术拿出去,共同探讨或建一个平台,我估计很多企业家都会保守一点。"在一个合作、信任气氛相对较浓的群体内部,这种技术的学习和分享则是企业进入这种生态系统的必备条件。有时候,为了推动这一生产系统能力的提升,大型企业必须投入必要的资源以弥补配套企业的不足,强化在技术知识上的培训。如一家企业在被问及如何看待企业间的技术合作问题的时候,认为"技术性比较强的东西……不懂的小企业来问我们,我们都会告诉它。但如果说模具拿来冠我的厂名去做模具,我们是不做的……汽车生产商的下游供应商主要过来提供管理上的指导,如果需要技术指导的话也会支持……互利互惠。"当然,良好的信任关系有利于推动企业对外的市场开拓,尤其是对于国外市场这种相对遥远的地区来讲,如我们访谈的一家企业就这样描述其痛苦现状:"老板信得过的没这个能力,你把他派到国外去还不把他饿死,但是你真有这个能力的话,老板又不放心,到时候你万一在那招了姑爷不回来了那就麻烦了,人财两空……"

良好的竞争氛围能提升系统的合法性(legitemacy),促进更多的外部生产商、供应商加入生产系统,还能推动个体从自身的供应商和合作者中获得必要的生产技术、前沿技术信息(Pouder & John,1997)。而生产技术、信息的获得能够进一步促进其本身能力价值的实现,从而改变个体对于参与包容度的感知。一家企业在描述本地优势时这样说:"黄岩最大的优势就是抱成一团的,它整个配套体系非常完善。以前有人这么讲,假如说你一副模具的单子,到了黄岩,你不需要找一个人就能做出来,它有一个很强大的配套体系在里面,这也是黄岩模具这么多年能坚持下来的一个优势……黄岩模具好像是600多家,配套体系还有3000多家……"事实上,供应商提供的相关信息是生产商在生产竞争领域保持最新动态跟进的重要手段,而这些信息的获取非常有赖于客户间信任气氛的建立,对于中国这种传统型的社会,很多重要的信息主要来源于客户之间的非正式交流,这也是为什么中国存在浓厚的"酒水文化"。可以从以下访谈资料中看出建立广泛的非正式关系对于在中国进行贸易的重要性:"一般的话还是跟客户之间的交流。做模具有两种情况,第一种就是直接做整个产品,比如本田公司要开发一套模具,它在车未上市之前准备这副模具。第二种是车子上市了,维修市场去做。第二种肯定很难捕捉得到市场信息,因为只有车子上市以后才能知道车灯是什么样子的。车厂在设计的时候就把数据发给我们,我们根据这些提前帮它们做,这样客户需求发生更改的话,我们会第一时间知道。假如我们今天接的单子,什么是客户最近发展的方向,我们就了解了……以后可能就是整个汽车车灯的发展方向,通过节能的方法,经济效益比较省。这个目前国内基本上还没有,如果你不参与客户开发,就永远不知道这个信息。"

良好的竞争氛围能够推动大中小型企业共生的生态系统的建设,尤其是在资源相对稀缺的情况下,更有利于促进竞争性企业的合作。良好的生态系统首先体现在竞争规则的公平性上,其次则体现在竞争系统内共生的依附性上。对于一个具有良好的合作、竞争氛围的系统,企业之间的竞争规则来源于各个大中小型企业共同的探讨和权衡,这样的竞争规则能够保证最优的竞争者通过正当的竞争手段脱颖而出。事实上,对于具有较高内部信任度以及能够兼顾小群体利益的生产系统来讲,内部的小群体可以看到通过本身在竞争能力上的提升,最终实现做强做大的可能性。如一家大企业在谈到其与其他小型配套企业之间的关系的时候说:"有时候黄岩模具这个圈子限制在黄岩这一块,如果你不把它们培养好的话,你也找不到好的合作伙伴,如果你要做高端的话,你必须要把你的合作伙伴培养起来,这样的话它支持你,你才能做得更好……"同时在这样的竞争系统下,单一的生产者破坏相互之间和睦相处的潜规则的可能性比较小。事实上,如果一家企业通过恶意降价的方式来达到获得订单的目的,在竞争相对透明的情况下,企业很可能很快面临其他企业的孤立,甚至受到行业协会等相关组织对于产品质量的调查。因此,对于大多数企业来讲,企业个体博弈的最终结果还是保持相对稳定的外部环境,以最大化个体的收益。同时,对具有长期合作生产关系的企业来讲,这种交易系统将衍生出非正式网络关系,而这是培养起生产商同客户之间信任关系的重要基础,这种信任关系的建立有利于企业之间依附关系的建立,如一家被访谈的企业这样形容其与客户之间的关系:"我们靠信誉的……老客户不会到别人那的,平时靠感情的,通通电话,茶叶、酒在节日里来往来往,最主要是弄好质量,做模具最重要的是质量、时间、价格。"

因此,基于以上的论述,本书提出:

假设 3.5.5:信任气氛对参与包容存在正向影响。

3. 信任气氛与分享包容

良好的竞争氛围还将改变生产系统内部的分享模式,这主要体现在生产系统内部大型企业建立起互生共赢的生态体系,小企业能够依赖本身在技术利基市场上的能力获得必要的生存利润空间,而部分小企业则能够依附于大型企业而生存(Pouder & John, 1997)。如对于建立了长期交易关系的生产企业来讲,它们之间不仅仅存在产品生产上的交流,很多时候,大型企业还要负责培养小企业本身的技术能力,为小企业提供必要的技术支持,如一家大型的汽车设备制造商就这样描述其采购商:"对供应商进行等级评价,对 A 类供应商提供资金、技术、信息支持,还可以提供预付款。"这样的情形在其他行业也存在,如:"如果你要做高端的话,你必须要把你的合作伙伴培养起来,这样的话它支持你,你才能做得更好。完全靠一个企业投入的话,无论是资金、技术、人才,压力都很大……"事实上,对于大多数的大型企业来讲,为了保证生产系统的高效运作,投入各种资源推动系统本身的更新成为生产系统不断进步的必要前提。另外,良好的信任关系也有利于企业相互之间生产让利,这种形式可能首先表现在恶性竞争上(Oliver, 1990),恶性竞争的减少能够保证企业拥有足够的营利空间;其次则表现在产品设备材料供应商和生产商、采购商之间，尤其是在当今国际大背景下，不断上涨的原材料价格使得企业的利润空间日益缩小。在这样的背景下，长期交易合作的双方可能会面临交易价格的变更。对于相互信任的双方来讲，这种变更能够更加容易让对方信服，事实上，这对于生产企业来讲是实实在在面临的一个主要问题："现在经济危机，原材料、贷款成本压力大……一般要在大家都有点利润的情况下才做……""会有，但我们有些加工是不赚钱的，有些客户也不赚他们钱，同样的道理，做口碑。这很重要，有些加工赛豪的东西也在做，说得难听点，外面确实是比较头痛，要求高，有些人说我能够把赛豪的东西做下来，别的我肯定也能做下来，就这个意义，一样的。有的时候我们开发新的客户，刚开始几次不赚钱，建立良好的形象。"

良好的气氛也有利于实现稀缺要素资源的价值分享，提升资源的利用效率，降低相应的成本，提升系统稳定性，同时降低相应的进入风险，如产业集群内部系统性的专业化分工的出现。对于一个具有能够完全体现要素价值的生产系统，内部生产要素，无论是资金、技术或者人才，只要其有效地发挥了本身的价值，总能够通过物质或者精神的层面得以体现出来。当然，这种要素价值的体现在企业内部需有赖于良好的评价体系的建立，而对于一个具有良好生产氛围的企业来讲，标准化的考核体系是必不可少的，同时，利益推动了良好氛围的建立，推动了员工对于企业的忠诚和贡献的可能性，能够进一步提升企业本身在生产系统中的竞争能力，这将最终有利于企业本身的内部发展，一家大型企业这样描述其内部管理："不好说。这个要根据企业给员工的福利，包括住房等各种因素，各个企业的流动量都不一样。作为员工，你的付出，我们根据这个给（多少都会给）。出来打工也一样，谈贡献……"

基于以上的描述，本书提出：

假设 3.5.6：信任气氛对分享包容存在正向影响。

（三）资产专用性与包容性发展

1. 资产专用性与机会包容

资产专用性会导致高交易成本，其原因在于资产专用属性会带来很高的沉没成本。但从资源观的角度来看,企业之所以拥有独特的竞争力,是因为其拥有资源的独特性和难以模仿性(Barney, 1991)。以往的研究显示,不同类型的资产专用性主要可以带来以下几方面的优势:地理性资产专用性可以带来运输、仓储上的成本优势,不过其具有一定的公共品属性;物质性资产专用性能够提升企业专业化、差异化生产能力以及产品的质量(Clark & Fuji-moto, 1991);人力性资产专用性能够提升交流的效率,减少交流错误的可能,加速产品进入市场;关系性资产专用性能够带来专用性的信息,改变企业和企业之间的治理结构,提升个体对于外部环境变动的反应速度。

对于企业来讲,资产专用性提升对企业本身获取外部生产机会的影响主要体现在生产的进入壁垒以及产品技术竞争力(Williamson, 1985)。对于企业来讲,资产专用性的高低决定企业能否有效进入这一生产领域。事实上,对于大多数的企业来说,初始资金的限制是进入生产领域的主要壁垒,而这一壁垒的存在使得大部分小企业可能通过租赁设备生产的方式实现生产或者只能生产部分质量相对较次的产品,但这对于拥有这些资产设备的企业来讲,却是一个相对较好的生存环境。一方面,由于资产设备的专用性强,在进入壁垒上的限制相对较多,使得竞争者相对较少;另一方面,由于专用性设备本身生产产品的质量会更高,具有高精尖技术的企业通常能够获得更好的生产机会。这正如新手和专家之间的差别,在纺织、模具、汽车制造等领域体现得最为明显。如模具制造设备可能是三轴的,也可能是五轴的,而拥有五轴设备的厂家通常能够制造复杂性更高的产品。因此,对于拥有这些专用性设备的企业来讲,资产专用性越高可能会拥有越好的市场机会,也可能开发越高端的市场。有些企业就认为,加工设备是重要的信号传递手段:"客户基本上会来公司考察,考察加工能力,当然如果有更好的品牌、加工设备,选择机会就多。""你的技术越突破,对工艺能不停地创新和改进,(竞争力就越强,)一个企业技术往下降就没有竞争力。我们逼着自己保持竞争力,必须做高端模具。这种东西一定要有多大的经济效益是看不到的,但是市场效益很明显。"也就是说,对于企业内部来讲,资产专用性高低决定企业外部市场竞争力的强弱。

当然对于大部分企业来讲，在外部需求稳定的情况下，它们可能更加希望外部环境中的整体资产专用性与本身资产专用性保持一致，以保持企业在市场中的竞争力。这就解释了市场中企业之间的模仿效应为什么存在，即长期以来一个行业整体都处于某一技术水平，但如果某一天某家企业通过更新资产设备实现本身竞争能力的大幅提升，其他企业也会纷纷效仿，事实上正是这种竞争和模仿最终维持了产业集群内部企业在竞争力、体制上的同构性(Pouder & John，1997)，如："软件商就跟协会和会员单位建立起这种关系。刚开始的话是在一家，其他企业看到好，就慢慢上。没有分析是不是要上，而是跟风的。比方有一两家到哪里培训了，其他跟风也都去培训，风一阵就完了，比方这里的健峰咨询，大家都请。"因此，在这一层面上讲，企业考虑到两个方面的因素：一方面，新引进设备可能导致巨大的折旧损耗，即沉没成本相对较高，没有企业愿意冒险；另一方面，在这样一个相对平衡的竞争环境内部，大部分小企业更加愿意保持现有的静态平衡。在谈到这个问题的时候，一家企业这样描述："老外看价钱的，根本不看设备。他们知道，你设备可以做，也可以到别人那里租过来做，他们都是哪儿价钱便宜到哪儿去做。"

当然，对于资产专用性相对较高的企业来讲，沉没成本的存在，以及采购商在质量、成本之间的考虑使得企业可能获得更高的损耗，而不是更多的外部机会，即出现"先行陷阱"(first move disadvantage)。事实上，高资产专用性设备意味着更高的成本投入，在产品生产中企业不得不将折旧成本考虑在内，这就可能导致某一产品生产的价格远远高于其他利用相对低端生产设备生产的产品。大部分的采购商主要考虑在质量达到一定标准的情况下价格尽量低，对于一个成熟的行业而言，大部分的生产设备都能够达到这种要求，尤其是在某些设备国产化之后，其初始的投入成本可能会降低2/3左右，这就导致高端设备生产的产品不具有更高的竞争力。在谈到设备投入的时候，一位企业家这样描述："这种情况，专门出租设备的企业几乎是0，因为每个企业的设备投资是很厉害的，稍微好的技术都是几百万美元，为了自身的人才等原因,不可能用多余的钱买很多设备来让别人去做。但黄岩模具市场这么大,几个人组成的一个小企业在没有设备的情况下,只有靠加工企业给它加工。所以黄岩模具加工是比较多的,各个环节都有加工。国外的情况与我们中国的情况是一样的。要求不是很高的,可以让小厂帮它做,大型企业必须找有一定技术力量、设备的企业去做……"大部分企业考虑的是客户需求标准与本身投入资源价值回报的对比。本书更加认同高度的资产专用性并不必然带来更高的交易成本,合理的资产专用性程度会更有利于企业的竞争优势的建立。

基于以上的讨论,本书提出:

假设 3.5.7:资产专用性同机会包容存在倒 U 形的关系,即随着资产专用性的提升,机会包容度先上升后下降。

2.资产专用性与参与包容

资产专用性的改变将影响企业在生产系统竞争中与外部的交流及信息获取,提升其在生产中的议价能力,尤其重要的是要参与生产竞争规则的制定,促进其在规则制定中的话语权,提升相应竞争规则的伦理性、道德性,按照可行能力理论(activation theory)和分配偏好理论,这将能促使个体最大限度在生产中发挥个体能力并且强化其对竞争系统公平性的感知。通常,大型企业和具有高精尖技术的企业在竞争中能够获得更多的外部交流机会以及更好的竞争氛围,这不仅仅体现为其本身技术上的突出带来其在这一领域的权威性,使得其他生产厂家更加愿意与这家企业合作以获得相关的学习机会,企业还可能获得更好的采购商基础以及合作伙伴,这种合作伙伴的构建能够进一步推进企业在这一领域的发展。企业还可能通过与合作伙伴的关系发展获得更多的技术发展前沿的信息,原因在于:通常对于大部分生产商来讲,要保证新技术的成功,一方面需要合作伙伴的技术开发基础,另一方面需要有效地从对方获得互补性的资源。因此,对于一家具有相对较高资产专用性的企业来讲,外部的合作网络是可以通过本身精心挑选而进行设计的(Teece,1987),而对于其他企业来讲,这种主动权可能就被别的企业所掌握。

　　事实上，在中国市场中这种现象是相对比较突出的，如行业协会，通常只有那些拥有一定基础能力的企业才能进入这一小群体，还有就是高新技术企业，通常国家会有更加好的优惠政策，包括资产补助、税收优惠等，而这些高新技术企业还可能由于本身的突出而对接国际大型生产企业，获得稳定的订单。例如，大部分大型的汽摩配企业通常和国际、国内的大型汽车企业拥有稳定的供货协议。在谈到这一现象的时候，一家被访谈的企业这样描述现在的社会群体的形成以及进入群体后带来的好处："一个是看你工厂的实力，这是基本要求，比如说一个小作坊，它不会要你，你自己也觉得不好意思，然后你还得认可协会的一些条例要求，另外加入协会要交一些费用，因为协会本身没有钱，组织活动的费用要各个工厂摊……专门有工作人员在了解工厂，如果他感觉到你这个工厂够条件了，不用申请，他就会邀请你。"

　　资产专用性高的企业通常拥有更好的政策反映渠道以及规则制定渠道，规则制定的本身为企业带来了更多的责任以及发挥能力的余地，提供了相应的更改竞争规则的机会，从而改变对于包容、公平的感知。企业对政策的反馈通常来讲主要通过与官员的直接交流和向行业协会的反映实现，事实上，对于大部分企业来讲，只有那些大型企业以及高新技术企业才可能会有更好的与官员交流的机会，这在中国是非常普遍的。对于这些企业来讲，与政府官员的交流可能带来更加符合它们期望的政策规则，这就是为什么企业家不仅仅需要有创业能力，在中国尤其是改革开放初期，政治能力也是创业者不可或缺的（汪伟和史晋川，2005）。通常，政策制定主要邀请大部分的大型企业以及拥有高精尖技术的企业共同进行商讨，这就决定了企业本身的利益能够得到准确的反映和关心。而对于那些小企业来讲，在资源有限的情况下，如果不具有高精尖技术，那么必将受到外部环境的制约。

　　拥有较高资产专用性的企业在企业之间的竞争中也可能更加具有优势，这主要体现在高新技术企业在这一领域具有较强的发言权以及评审权，可能是行业内部行业标准的制定者，这就带来了很高的排他性，大部分配套商、采购商会依据这些规则进行产品生产和选择，如果同行业的竞争者无法满足相关要求,就可能面临淘汰的风险:"我上次和黄岩区科技局的相关人员也探讨过,针对模具企业出台一些量身定做的东西。政府准备引进全国的模具检测中心,对黄岩模具品牌、知名度都有好处,政府也在思考如何把模具产业包装推广,这点政府相当重视,包括技术创新、技术改革,这些从政府政策层面上说,这几年下的功夫是蛮大的。"这里需要强调的是,在一个高度同构化、相对成熟的产业集群内,资产专用性通常伴随着资产的独特性以及技术的高精尖特性,使得这些企业拥有话语权、渠道、信息获取发送等方面的优势。

基于上述的讨论,本书提出:

假设 3.5.8:资产专用性对参与包容存在正向影响。

3. 资产专用性与分享包容

资产专用性的改变会带来议价能力以及话语权的改变,并且会引起政企之间和企业之间的分配模式的改变,而按照分配偏好理论,分配规则的改变能力和机会的提供将同时改变其对于最终结果公平与包容性的判断。

对于大部分具有较高资产专用性的企业来讲,它们无论在购买设备还是在生产过程中都可能获得过政府的补贴和优惠,当然这和国家的基本政策是直接相关的,具有高精尖技术的高新技术企业可能享受到国家给予的科技奖励,还能享受到 15% 的企业所得税优惠,有时候在土地资源相对短缺的情况下,还可能获得优先权。如一家企业这样描述对于高新技术企业的国家政策优惠:"应该是这样,政府目前也是这样在做,企业把自己最核心的东西拿去申报,能打动它,它就给你,技术达不到就肯定是给那些好的,基本上也是这样在做。这个我是根据一些项目申报感觉到的……你的产品有优势,技术先进,就会把资源给你。""地方政府出台了些奖励措施,比如报国家项目,政府进行配套,要么提供奖励,我们是高新技术企业,享受企业所得税 15% 的优惠。在高新技术企业之前,中国模具工业协会搞了个增值税先征后退,2008 年已经废止了,因为模具企业有个什么好处呢,产值不高,但税交得比较多,因为附加值比较高,纳税都在前面,像我们精诚产值不是很高,但纳税都是排在前面，所以政府出台这些政策扶持小企业。2008年，我们评高新技术企业，我们是浙江省第三批，黄岩的第一批，所得税减免，加计扣除。"而同时在购置高精尖设备的时候，企业也将获得更好的政策生产条件，如可以加速生产折旧、获得设备补贴等："设备从国外进口，政府补贴，一般情况下给退税，减轻成本……国外的设备先进……国内应该没有这种设备。"

高新技术企业由于在某一领域的专用性技能，通常会具有更好的市场，形成比较大的市场规模，而规模的扩大通常伴随着更多的优惠政策，如资源获取政策。主要原因在于高新技术企业所提供的税收相对较多，对于社会的贡献相对较大，这对于大多数企业来讲是一种相对公平的分配手段："（土地）根本就买不到，我们内部说，能够拿到什么楼层的，必须一年产值达到多少，因为你产值达到多少说明对黄岩模具有贡献，税收多，所以享受到政府给你的优惠。"

资产专用性越高，意味着企业拥有更多高精尖技术，而资产专用性的提升也将带来企业之间分配模式的改变。尤其是对于高精尖技术企业来讲，其本身在生产领域具有不可模仿的稀有技能，使得其价值大大提升，这就导致其在与合作方谈判的时候具有相对较高的议价能力或者说较大的垄断话语权，这将使其在这一领域获得垄断租金的能力，而对于没有垄断能力的企业，只要其在这一领域产品质量、技术能力突出，配套生产商的获取就会更加容易，其在众多配套商中具有更大的选择权以及收益获取权。这对于生产系统中的企业来讲，是一个非常正常的事情。与此同时，资产专用性高不仅仅意味着企业能生产更高技术含量和价值含量的产品，还意味着企业的生产成本更低，在这样的背景下，在行业平均价格的基础上，这类企业也能获得更高的基础收益："打个比方，一个企业做到一定规模后……可以明显地感觉它们产品的品质、品牌、效益逐步就做出来了。"这意味着无论在主观感知还是在现实收益上，资产专用性较高的个体都将进一步提升对于分配包容的感知。

因此，基于上述的讨论，本书提出：

假设3.5.9：资产专用性对分享包容存在正向影响。

（四）交易频率与包容性发展

1.交易频率与机会包容

交易频率的高低主要决定企业之间两方面的改变，一是交易模式的改变，二是双方交易资源重要性的改变。交易频率的改变所带来的机会的改变可以体现为，在提升交易频率的过程中增加了与外部市场机会接触的可能，促进企业之间形成相互依赖的信息沟通渠道。事实上，对于个体企业来讲，尤其是对于新建的企业来讲，市场渠道的开拓手段主要包括参加展会、广告以及参加各种展销会等，尤其是展销会，这对于企业获取外部市场是最有效的手段之一，如一家生产企业这样描述其客户源："一个是广告发布，专业网站发布，然后展会，然后通过客户口碑，还有些客户合作商，都是销售渠道。我们去开发也是有限的，比如从事挤出行业才有可能去推销，目标客户更加集中……"对于企业来讲，通过各种宣传手段发布个体的信息，将在不同程度上耗费本身的资源，如果从消费者信息搜索的角度来讲，信息发布量越大就越容易让消费者获取或者捕捉到个体发布的信息。专业性的信息发布方式，如展会等，卖者通常通过较大的信息发布量，在产品性价比具有竞争优势的情况下，获得更多的外部客户，因为企业外部的市场具有高开放性以及相对丰富的资源。另外，通常从交易本身的角度来讲，企业交易次数越多，说明企业的外部需求越大，这意味着企业所处的行业或者企业所处的领域是具有较高成长性的，使得企业能够在固定的时间内获得更多的外部需求订单。

事实上，按照社会网络理论，交易频率的提升更可能有利于企业获取外部技术以及生产相关的关键性资源（Granovetter，1994）。事实上，通过持续的交流、提供各种不同的样品等，虽然企业可能在这个过程中耗费大量的资源和成本，但对于企业来讲，其本身获得了大量有用的技术前沿信息或者同相关的企业建立了一定的关系，这种关系的存在使得企业可能通过企业或者企业的口碑获得更多的外部市场机会，看到更加广阔的市场前景。对于具有较高交易频率的企业来讲，容易通过和相关采购商以及提供商的交流提升企业在这一领域的被认同度，获取这些采购商及供应商本身所掌握的这一市场领域的相关信息。这一方面可以改变外部企业对于本企业的认识，提升企业在业界内部的被关注程度，另一方面也可能带来企业对于现有市场发展情况更加深度的认识。如果说这种交易的耗费可以看作交易关系建立的一种方式，那么这种关系紧密程度在一定程度上决定未来交易机会获取的可能性。机会获取本身需要考虑企业个体在产品上的技术水平以及产品的价格，一般来讲，关系的构建只是形成最终交易关系的必要非充分条件。如一家模具企业的受访者在被问及相关问题时，说道："开始做的时候，我一般到超市去看，看那些样品。老外提供的样品就是超市的样品，因为我刚刚开始做的时候到国外参展，打个电话，某某工厂，我明天到你公司来拜访下……包括国内某些企业……看到某些企业，就把自己的样本寄给它（看是不是需要生产）。还有一点，经常到相关企业问问知不知道你的模具，不一定要现在就有生意，但多联系联系，等有生意了就会想到你。"另一家被访谈企业的受访者这样描述企业生产机会获取的过程："聘请一些企业的技术人员作为我们的顾问，像上海那种星期六工作制……现在可以通过网络，他们为我们提供方案……这些技术人员他们所在的一般都是些比较大、比较好的企业。现在我们企业已经有了自己的标准，因为我们的客户非常看重自己的品牌，要求很严格。真正那些大客户是非常注重品质的……国外经销商也有很多不同的类型。我们现在的客户都是比较大和稳定的，比如福特、通用公司，它们也是把我们的产品拿到它们的维修市场……它们对我们也有很严格的考察，经常来看我们生产流程、管理等……也会为我们提供相应的技术、管理建议……虽然是维修市场，但它们的这个市场是非常标准的，是属于它们的系统的。它们下面有配套商，我们也作为它们的二级配套商……虽然我们现在在温州产量排第二，但在配置、质量、效率这些方面是很有优势的……在市场上相对竞争力较强。"

基于以上论述，本书提出：

假设 3.5.10：交易频率对机会包容存在正向影响。

2. 交易频率与参与包容

交易频率会影响企业信息获取和资源获取的方式以及信息和资源的可

获得性,改变管理阶层信息显著性程度(information salience)以及对竞争对手和合作者的认知(Pouder & John, 1997),这最终将影响企业在市场上的竞争方式。同时,外部信息获取的多样性和丰富性将强化个体的能力以及个体有限能力的最大限度应用,这将有利于提升个体对于参与包容的认知,促进个体对于竞争规则的理解,改变其对于规则公平性的感知。对于一家长期参与市场信息发布或者投入必要资源以获取展会参加资格的企业来讲,其同外部客户、政府机构交流的机会比那些相对闭塞的企业要多得多。如一家被访谈企业就谈到这一问题,认为长期同供应商的联系使得其在信息获取、价格等方面都获得了一定的优势:"这些信息包括有什么更新的好钢材之类,供应商告诉你:我有种更好的钢材,能够满足你的需求,价格便宜10%,考不考虑?……主要还是这些方面的信息,因为供应商不会无缘无故把别人的东西给你,它会推销新的产品、新的工艺……"而这种交流将影响企业对于市场上产品制造标准、制造工艺的了解,对于竞争规则的熟悉能够帮助企业有效避免国际、国内市场上的某些不确定的耗费。如一家被访谈的企业就谈到,在企业发展的最初阶段,主要就是通过与外国采购商合作了解行业内部认可的生产标准,并依据标准建立规范的生产流程,采购必要的生产设备,最终加入与其他大型企业合作的行列。而这些标准的建立又推动了其他客商对于企业的认同,在一定程度上可以帮助企业获取更多的外部信息、资源和机会,带动外部企业与之合作和交流。

企业在与外部企业交流的同时,也能够获得更多与政府部门或者相关行业协会人员交流的机会,一般来讲,展会基本都由政府主导部门牵头,在这个过程中,通过同政府机构的相关人员的交流,一方面可以了解到最新的信息,另一方面还能了解到最新的政策走向,这对于企业来讲是至关重要的。当然在这个过程中,各类企业也可能就企业本身的诉求或者对政策的看法通过这种非正式渠道与相关部门交流,这种交流可能会最终影响行业内部的竞争规则。事实上,交流会耗费企业大量的资源,而这种交流在一定程度上决定了企业竞争规则的出台,长期参与行业协会建设和交流的个体才可能有机会去权衡各种政策对于自身的影响,这就最终保证了个体对于参与规则公平性的认知。因此，从一定程度上讲，交易频率的提升有助于企业获得更多的信息以及与其他机构进行交互的机会，改变其对于现实公平的认知。

由此，本书提出：

假设 3.5.11：交易频率对参与包容存在正向影响。

二、如何降低交易成本

为更加深入地理解不同地区如何通过降低交易成本实现区域内包容性提升，我们将在下面的分析中对影响交易成本改变的情境做出更加细化的分析。本书主要提出了三方面的情境即环境特性、企业特性以及产品特性，用以分析交易成本的影响因素。图 3-2 和图 3-3 已经给出了在不同的情境交易成本与各类影响因素之间的关系，我们将着重探讨相关情境对相关影响因素的作用机制。

（一）环境特性

本书将企业的环境特性定义为企业所处的产业和地区的外部客观环境，具体来讲，它包括了所处行业或地区的确定性、透明性以及地区的便利性和知名度。具体来讲，确定性主要是指某一事件的影响或者生产的产品被外部接受的可测量度（Bansal & Roth, 2000），如对于医药制造的企业来说，生产成熟产品（盐水）的企业可以很好地预测整个市场的需求，它们的生产受到外部其他不确定性因素（创新）的影响相对较小；还有就是汽摩配企业生产的产品，它们的产品具有配套生产的特性，依据外部客户的需求进行配套生产，他们的生存环境相对确定性较高。透明性主要是指相关信息可被直接观察的程度，如知识、技术密集型的产业生产出来的模具产品，其本身的质量以及材料特性相对于珍珠产品来说具有更低的透明性，普通的珍珠制品通过观看珍珠光泽度、珍珠的圆润程度就能鉴定这种产品的质量。便利性主要包括基础交通及基础设施两方面。这一概念相对容易理解，通常来讲，偏远地区通常是指基础设施以及通信基础设施相对落后的地区，特别是早期的温州以及山下湖镇，由于距离省会相对较远，而且产品生产地主要在农村地区,因此这些地方在基础设施上相对落后,同外部或者内部交易的便利性会比较低。知名度是指当地作为一个生产集群被行业内部所熟知的程度。比如山下湖镇在现阶段在行业内被公认为中国最大的珍珠生产和交易地区,这说明山下湖镇是在业内具有很高知名度的,这个区域就拥有一个特定的区域品牌。

通过对访谈材料、二手数据资料以及其他相关材料的分析,我们发现区域特性主要反映在以下几个方面:产品标准化、可观测的、地理距离、通信基础、区域品牌、产业成熟度、配套性、定制化、稳定性。这些被访谈的单位通常认为,在相对成熟的产业内,产业出现早期的环境相对落后,或者在这些方面不具有明显的特征,经过长期的发展这些特性在现阶段都相对较显著。而且从受访者的经验来看,与以前相比,环境特性相对明显的地区具有更高的信息对称度、交易频率以及更好的外部信任气氛。信息对称度会受到影响主要是因为,通常对于成熟的行业或者标准化生产程度较高的行业来说,生产产品的质量、产品发展的方向、创新性具有更高的可预测性,比如模具产业内部拥有很多标准化的配件,购买者通过了解使用的标准件就能清楚地了解到这个产品的性价比。对于企业来说,标准化提升了企业的内外部信息对称度,也提升了企业之间的信任度。再比如,通常区域品牌相对较好的地区意味着地区政府对品牌的管制以及地区企业家对这一品牌的维护相对较好。在这种情况下,对于外部企业来说,只要知道地区的品牌,就知道在这一地区能找到什么样的产品,这充分体现了信号传递的功能(Nayyar,1990)。同时,政府机构的品牌维护使得区域品牌相对较好的地区更容易使得外部商家信任这一区域内的生产企业的产品。

环境特性显著性可能与产品的交易频率以及资产专用性相关,对于标准化生产的产品或者成熟度较高的产品而言,由于产品的生产质量和生产的配套性相对较高,外部对于这一产品的需求会更加稳定,需求量也会更大,而同时,资产的专用性可能会更低,因为成熟的产品生产设备很多时候都能从外部直接购买,在谈及这一问题的时候,一家企业这样说道:"这些简单的产品,我们在本地就能获得相关人才和设备。"再比如,一个地区的基础设施，尤其是交通基础，可能直接关系到一个地区是否拥有参与相关产业去生产的机会，尤其是小企业是不是有相关能力去获取相关的资源进行生产。在一定程度上，便利性的影响会更加直接，如一家被访谈到的企业就这样说道："远距离销售没有一定的市场营销能力，小企业是做不到的，只能做局部市场，但又没有足够的量。"

因此，通过以上的分析，我们可以得出：

定理3.1：环境特性与信息对称度、气氛以及交易频率存在正向联系，而与资产专用性存在负向联系。

（二）产品特性

产品特性主要指产品本身的生产工艺、生产方式上独特的差别，主要以产品的新颖性、复杂性以及定制性来反映。具体来说，新颖性主要是指一件产品在现有的市场中处于扩散的前期，即进入市场的时间相对较短。通常来讲，瑞安市汽车制造企业的产品在新颖性上存在比较大的欠缺，主要以成熟产品为主，而模具产品由于高度定制化，通常有比较高的产品创新性。复杂性则主要指实现任务的多途径、效果的多样性、路径和效果的冲突及效果的不确定性，即产品生产的多部门组合和协同。通常，劳动密集型的产品在生产的复杂性上相对较低，如珍珠制品和竹制品，技术密集型以及资本密集型的产业，如汽车生产由于是一个系统性的工程而在复杂性上会相对较高。定制性则主要指一件产品在生产的过程中可以由消费者自由选择产品的特性，生产者依据消费者的要求进行生产。一般来讲，模具产品主要用于为产品塑形，模具企业需要依据产品生产厂家提供的产品设计图纸，建构产品生产的模具，因此这类产品是具有高度定制性的，而对于其他标准化生产的产品如汽车部件、医药制品等，由于其直接面向大规模的消费者，因此在一定程度上不具有定制性。

从获得的访谈材料来看，被访谈者通常通过以下几种方式来描述产品的特性："吹塑模简单，吹塑机也很便宜，注塑复杂……""我们要不断生产新产品，塑料领域有新进展，哪些塑料我们可以拿过来，我们要掌握前沿性的信息，研制出有生命力的产品，这样企业才能稳健地走下去""模具这块技术性比较高,不同模具不一样,同样一个模具第一次做和第二次做完全不一样,去年做和今年做方法又不一样,技术上每副模具方法工艺都不一样……""比如伊朗气候干燥,他们对于燃油泵的要求与日本的、巴西的都不一样,我们就按照他们的要求改进……""创新的产品让人难以模仿""产品的技术含量比较低,能就地找到人才和设备""刚建厂时只生产汽车开关,当时算是初级产品,对设备、人的要求都不高"。从这些资料来看,产品本身的特性和信息对称度、生产的资产专用性以及交易的频率存在直接的关系。如产品的新颖性和复杂性可能直接影响企业间以及企业内的信息对称度,一件具有创新性的产品在首次投入生产的时候,未参与研发的人员对于这一产品的生产流程可能一无所知,最明显的就是模具产品的生产,由于这种产品不仅仅具有独特的新颖性,还同时具有高度的定制性和相当的复杂性,通常在生产的过程中,只有那些小部分参与产品图纸解构的人员才了解模具生产的流程以及产品的功能,这种产品的生产技术高度隐性化,必然在信息对称度上与其他高度标准化生产的成熟产品存在较大差距。

产品特性明显的产品通常可能伴随着较低的交易频率以及较高的资产专用性。很显然,创新性的产品由于其本身处于产品扩散的前期,消费者要适应这一产品通常需要耗费一定的转换成本,同时,创新性产品由于其处于产品生产的前期,在技术稳定性以及技术实现成本上通常无法和成熟产品比拟,制造者一般需要投入较高的使用和要素成本。在这种情况下,创新性的产品和成熟产品相比,在受众上肯定会有所缺乏,而同时创新性产品的生产,尤其是那些突破性产品的生产,通常对于设备的要求会更高,并且通常伴随较多的专利和人才需求限制,因此会形成资产、人才甚至制度专用性的问题。同时,产品的复杂性也直接关系到用户受众,复杂性过高的产品通常难以被大众所接受,这也是为什么生产精密仪器的企业通常只针对专业性的用户,而生产珍珠等农产品制品的企业受众会更加大众化。当然,新颖性和复杂性较高的产品必然在人力资本专用性上比较高,而且高度复杂的产品在生产设备的专用性上也较高,如"吹塑和注塑需要不同的设备……吹塑模简单……注塑复杂"。对于定制化的产品来说,其主要依据特定对象的需求而进行生产,因此在交易频率上受到明显的限制,模具产业是很明显的例证,不过高度定制化的产品通常在成本上相对较高,这不仅仅是因为生产、需求规模较小,难以形成规模效应,主要还由于模具生产会伴随较高的资产专用性,如一家被访谈的企业就提到:"模具企业……生产设备是主要的基础""……它们先进的东西就是它们积累的资金比我们多……它们从这个机器到那个机器还是要靠人工挪过去,他们都是机械手、机器人在做,这个机器人比这两台机器还贵,我们就买不起……"

通过以上的描述,我们可以得到:

定理3.2:产品特性与信息对称度、交易频率存在负向联系,但与资产专用性存在正向联系。

(三)企业特性

企业特性主要指企业作为一种标识而具有的外部知名度,以及企业本身所处环境内相关企业之间的物理与非物理、正式与非正式联系的紧密程度。具体来讲,它包括企业之间的紧密程度,无论是在地理上还是在关系、沟通上,同时还包括企业的知名度。事实上,企业之间相互联系的紧密程度会直接受到企业之间的物理距离以及关系距离的影响。很明显,如果两个企业之间在资源上的相互依赖程度比较高,尤其是对于那些存在于价值链上下游的企业来讲,它们之间的关系肯定会更加紧密。访谈的材料显示,大型的采购商经常派出技术人员为供应商提供技术、质量、生产流程上的支持,而这种支持会随着地理距离的拉近而变得更加频繁和有效率,企业之间通过持续的沟通而模仿其他企业的做法,如对于某些关系相当紧密的企业来讲,在发展的过程中它们会倾向于建立一种正式的网络机制来促进相互之间的交流,提升相互之间的信任度。一家被访谈的企业这样说道:"我们在深圳的分公司与当地这类30多家公司共同建立了人力资源网,相互了解各自离职员工的情况,一家公司里出去的员工其他公司也不会要……""供应商会提供货真价实的东西,不骗你,如行业新动向,以及帮你配合好时间,帮你加班加点赶出来,对你也很好,等等。因为这也是互相有好处的,东西拿来我们用得好了,它也赚到钱了。"这种由非正式网络交流逐渐形成的正式网络不但增进了企业之间的相互了解,通常还有利于提升企业之间的信任度及产期稳定关系的形成。而且,这种正式沟通网络渠道所提供的信息资源,唯有相互信任的企业之间才可能实现分享,这种信息资源的渠道不大可能被其他类型的企业所利用,因此,这一信息渠道具有很高的资产专用性,对于网络外部的其他企业来讲,信息资源获取壁垒会相对较高。

和企业的知名度直接相关的企业特性主要包括品牌、信誉以及本身的形象。事实上,这是企业长期发展中逐渐积累的一种资源。从相关的描述上看,影响企业知名度的因素主要有以下几个方面:首先,提升品牌资源的价值,提升外部竞争力,如"精加工的很多设备是来自进口的,安吉也有几个工厂在制造,实际使用效果跟国外产品没什么区别,但品牌上不行……本地设备价格便宜,大概是国外同等设备的 1/3。"其次,能进一步提升本身对外的信誉以及资源获得能力,"我们信誉很高的,不成问题,上市融资了……"对于那些知名度较高的企业来讲,品牌本身有效地发挥了信号传递的功能(Nayyar,1990),使得企业本身在业界有一个比较好的生存环境,客户来寻找它们的可能性更大,而作为一个大型的被业界认可的企业,也更容易同业界建立一种良好的相互信任的氛围。如在第二轮调研中,一家企业就谈到由于××集团本身拥有比较大的品牌价值,它的供应商就愿意在先提供配件的情况下延迟 3 个月甚至更长时间来收款。

因此,从以上的表述中,我们可以得到:

定理 3.3:企业特性与信息对称度、气氛以及资产专用性存在正向联系。

第六节 小结

本章的目的是通过探索性案例的分析,理解交易成本的基本维度以及包容性发展的区分维度,并且构建起交易成本改变对于包容性改变的作用机制,将交易成本理论整合进包容性发展理论体系。本章指出,在传统的发展体系中,交易频率、资产专用性、气氛以及信息对称度是交易成本的主要影响因素,而包容性则被归纳为机会包容、参与包容以及分享包容。

同时,本章从交易成本角度细化分析了不同情境下通过改变部分因素来提升包容性的可能性。本章提出的假设主要基于以下几方面的思考:首先,对于不同的地区来讲,在不同的历史阶段可能受到不同的发展限制,但排除限制的手段应该是多种多样的,因此可以采取多种形式的手段和方式来达到最终目标。其次,个体能够控制的条件总是有限的,尤其需要明确哪些因素是由企业个体本身所引起的,哪些是本身所处的宏观环境所带来的,在这种情况下,明确政策指导者和企业个体在推动社会发展上的分工差异是尤其必要的,这将有利于更好地实现政策或者国家投资的价值。最后,对于处于不同发展阶段的社会来讲,其内部企业的需求会存在比较大的差异,我们不可能通过一个单一模型来解释发展的所有阶段,但我们可以试着通过理解主导因素的方法来思考这一问题,明确不同发展阶段的需求,有利于建立可持续发展的基础环境。

在改变交易成本方面,对于不同的影响因素可能采取不同的手段来实现,而且某一行为可能引致多重效果。如对于信息对称度而言,环境特性、企业特性、产品特性都将有助于改变企业之间的信息对称度,但对政府来讲,只要政府加强对品牌的宣传以及基础设施建设,那么即使企业特性不是非常明显,外部对于当地企业的了解也是必然的,同时还能提升外界对当地产品的信任程度。如20世纪90年代的温州,政府主导的强力打假行为以及区域品牌的宣传建立了很好的生产系统网络,在现阶段,内部企业更倾向于主动维护这种区域品牌。

如果希望通过降低交易成本来提升区域内部的包容性,不同的单位可能选择进入不同的情境抑或改变现有的情境。比如当政策制定者发现当地环境特性明显而企业特性缺乏的时候,其必然会发现外地对当地的信任是缺乏的,在这种情况下,强化现有的情境是政策制定者应采取的行动,如推动区域品牌的推广抑或是推动区域行业协会的建立,加强当地企业与外部的沟通。选择进入不同情境的可能手段有通过推动企业加入信息技术平台,通过持续的交易建立信任度的评价等级。再比如,当地方决策者发现当地的产品特性很高、企业特性也相对明显时,可以推断出当地具有很高的资产专用性,高资产要素壁垒可能会限制微小型企业的发展(Bain,1956),政府可以通过强化区域特性降低进入壁垒,如加强地区基础设施的建设,推动专业技术、设备公司的建立,促进小企业的发展,而其他大型企业也可能通过这种方法找到进一步发展的利基市场。

第四章

基于交易成本的包容性市场
系统构建的模型拓展

为更加深入地理解不同地区是如何通过降低交易成本来实现区域内包容性提升的,本章将对交易成本和包容性发展之间的关系以及影响交易成本改变的情境做出更加细化的分析。图4-1 给出了不同的情境与各类影响因素之间的关系,下面将分析交易成本改变如何影响市场系统包容性的改变,进而探讨相关情境对相关影响因素的作用机制。在现有研究的基础上,本书通过归纳和总结迭代,总结出从四方面推动包容性发展的因素,即生态导向、竞争力、合法性以及外部特性显著性(见表4-1)。

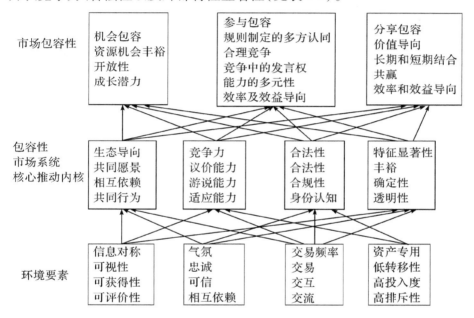

图4-1　包容性市场系统构架的拓展模型

表4-1　包容性核心要素的总结

推动市场包容性核心要素	关键特性	描述
生态导向	共同愿景	"从整个面上来说的话,是市场竞争。但我们不怕竞争,激烈的竞争市场才能有活力"
	相互依赖	"我们对供应商管理比较规范;去供应商那里考核审查,合格供应商每年更新名单,从合格名单中采购"
	共同行为	"在模具企业众多的情况下,就是要凭自己的能力去做事情,对客户的承诺,在技术上的提升,这就是在稳定情况下的大局"; "最基本的,核心力量是技术,是第一位的,不能空口说白话;第二要诚信"

续表

推动市场包容性核心要素	关键特性	描述
竞争力	议价能力	"另一个产业优势，假如说我们做汽车，我们强项在汽车车灯这一块，在这个集群里面，假如说你做门板，将两者捆绑在一起，你去和车厂去谈的话你就有优势，因为任何一个人吞不下一辆车，但这个集群能够和这些企业去谈，我可以把你整个车做起来，通过我们的技术优势，那假如说我们一直在做汽车车灯，把汽车空调等企业结合一下，我们就能在整个产业上达到优势"
	政治游说能力	"黄岩毕竟资源有限，包括现在土地紧张等，限定只有这几个单位能够坐在一起，不能够不管大小都享受多方的促进，压力很大。谁都想数一数二，投入都很大。比方，电力紧张，大的企业就不受限制。有些企业发电都不让你发，因为你浪费资源"
	适应能力	"差别是有一点，但是我们的客户根基比较牢靠，市场上原材料涨价，成本提高，相对来说某些投资方包括客户的付出； "如果什么高科技，如手机什么的，不只我中型企业做不来，大型企业也做不来，要有专门的设备去做"
合法性	合法性	"在黄岩模具博览城的几家公司，本身都是理事、会员、会长单位，这几个公司相对来说在黄岩那么多的企业当中，都是产值、技术力量能够做到（一定程度的），因此才能到模博大楼去办公。最起码外来的客户知道这是黄岩模具博览城，里面都是做模具的，我需要模具就到这里来谈"
	合规性	"标准化这块，广东省模具工业协会在这方面的工作做得很好，因为有几个主打的企业，这几个主打的企业间有联盟的关系，并且关系比较紧密"
	身份认同性	"不会，工人要不要到你这工作，看你老板好不好，你把他们当兄弟一样，不要把他们当打工的，平时和他们出去玩，节日到了，和他们一起吃饭，那就好了"
特性显著性	丰裕性	"一个是在技术上可以相互交流，一个是在零配件上、加工件上可以比较及时、快捷，模具的一些配套的东西可以随时购买"
	确定性	"汽摩配市场包括维修市场和配套市场（为汽车厂家配套）；以前做维修比较多，现在做配套比较多（配套相对稳定）"
	透明性	"很难，市场太透明，降低成本靠企业的管理，不能浪费人员、技术、时间。靠配件成本是不可能降低的，太透明了"

第一节　生态导向

生态导向主要指企业集群由一个相互竞争的环境转变为一个相互依赖、相互支持的利益共生系统。其主要表现包含三个方面：一是共同的愿景，集群内部企业之间存在相同的理念或者共同的愿景。二是相互依赖，主要体现为企业之间正式的联系（交易合同）和非正式的联系（员工或者管理者之间的非正式交流），相互依赖主要通过各种正式和非正式条约来协调环境要素之间的关系。相互依赖性在合作加强的情况下会不断提升。三是共同行为，主要是指集群内部企业之间存在共同的集群文化，这种文化导致他们存在相似的行为（竞争）模式、分析模式以及认知模式。

一、共同愿景

相同的理念以及共同愿景的形成主要是企业之间长期交易、交流后博弈的结果，这种多次博弈后形成的结果使得企业之间能够形成良好的信任机制，尤其是大型主导企业和相关附属企业之间最终形成相近的合作理念以及发展愿景。这种理念形成的基础不仅仅体现为企业之间对于要形成长期稳定关系的相互认同，同时也表现为对对方能力的一种肯定。在长期交易的背景下，集群内部的主导型企业会从系统最优的角度去思考生产竞争的问题，这就需要它们向集群内部的企业灌输一个共同的理念，这有助于企业之间有效合作，并将系统内部的竞争转化为优化的过程以及形成系统合力同外部系统去竞争。如一家领头型大企业的管理者这样描述它们的系统："如果你不把它们培养好的话，你也找不到好的合作伙伴，如果你要做高端的话，你必须把你的合作伙伴培养起来，这样的话它们支持你，你才能做得更好。完全靠一个企业投入的话，无论是资金、技术还是人才，压力都很大。"

基于良好的信任机制形成的共同理念有利于企业间生产生态系统的维

护,事实上,对于一个足够大的生产系统而言,尤其是生产汽车整车这种工作相对复杂的厂商,它们与配套供应商之间的合作关系是相当微妙的。如一家被访谈的企业就这样描述它们和供应商的关系:"买料很容易的,我们都这么长时间了,十几年了,人家买不到,我们打个电话就来,这就靠我们的信誉。"

从社会交换理论的角度来看,良好的竞争氛围有利于推动企业之间的交互和信息交流,尤其对于改变企业之间信息交流的机制至关重要(Emerson,1962),有效的交流和参与能够提升个体对竞争系统公平性的判断。对于相互竞争的企业来讲,拥有共同理念的集群企业将推动企业之间在信息、专业性技术上的分享,事实上对于集群中的大企业来讲,为了实现产业集群内部生产系统的整合,它们通常充当信息传递者和整合者的角色,通过整合产业内部具有互补性技术的个体,达到项目攻关的目的,而这种参与的模式是以企业之间对各自能力的信任以及对自身技术拥有的信心为基础的:"对于我们配套的小企业,我们会为它们提供技术支持。"在这样一个具有共同理念,合作、信任气氛相对较浓的群体内部,这种技术的学习和分享则是企业进入这种生态系统的必备条件。有时候,为了推动这一生产系统能力的提升,大型企业必须投入必要的资源以弥补相关企业的不足,加强企业在技术知识上的培训。如一家被访谈的企业在被问及如何看待企业间的技术合作问题的时候,认为:"技术性比较强的东西……不懂的小企业来问我们,我们都会告诉它。但如果说模具拿来冠我的厂名去做模具,我们是不做的……""汽车生产商的下游供应商,主要过来提供管理上的指导,技术如果需要的话也会支持……互利互惠。"这种合作不仅仅表现在大企业和它们的配套企业之间,大企业之间共同愿景的存在也会改变它们的行为模式,如在吸引客户方面,大部分的企业认为无论是自己还是别的企业吸引过来的客户,只要能够提升集群本身的福利或者对外知名度,对方选择具体哪家企业是次要的:"一般情况下,企业之间不存在挖客户的情况……客户对整个市场了如指掌。今天我的客户也许明天就变成你的客户……只要客户还在这个集群内,都无所谓的。"

在良好的竞争氛围背景下，共同理念及长期愿景的形成会改变大型企业本身对于利益的追求模式，从而改变生产系统内部的分享模式，这主要体现在生产系统内部大型企业建立起来的互生共赢的生态体系，大企业能够依赖自身在技术利基市场上的能力获得必要的生存利润空间，而部分小企业则能够依附于大型企业而生存，在考虑本身利益的时候会通盘考虑系统利益及长期利益。对于建立了长期交易关系的生产企业来讲，它们之间不仅仅存在产品生产上的交流，很多时候，大型企业还要负责培养小企业的技术能力，为小企业提供必要的技术支持，如一家大型的汽车设备制造商就这样描述它们的采购商："对供应商进行等级评价，为 A 类供应商提供资金、技术、信息支持，还可以提供预付款。"这样的情形在其他行业也存在："如果你要做高端，必须要把你的合作伙伴培养起来，这样的话它支持你，你才能做得更好。完全靠一个企业投入的话，无论是资金、技术、人才，压力都很大……""会有，但我们有些加工是不赚钱的，也不赚有些客户的钱，同样的道理，做口碑。这很重要，有些加工赛豪的东西也在做，说得难听点，外面确实是比较头痛，要求高。有些人说我能够把赛豪的东西做下来，别的我肯定也能做下来，就这个意义，一样的。有的时候我们开发新的客户，刚开始几次不赚钱，建立良好的形象。"事实上，对于大多数的大型企业来讲，为了保证生产系统的高效运作，它们投入各种资源推动系统更新，成为生产系统不断进步的必要前提。由此，本书提出：

假设 4.1.1：交易频率和信任气氛的提升有助于系统内企业共同愿景的形成，并最终增强企业在生产中的参与包容和分享包容。

二、相互依赖

相互依赖的出现主要源于信息对称度的改变、信任气氛的提升以及交易频率的改变。在信息足够对称的情况下，个体之间的信息交互就显得相对充分，企业之间更加容易去推进在生产流程等相关领域的合作，生产过程中交互的存在能够促进个体对于最终结果公平性感知的提升。如对于生产同一类型产品的企业来讲，企业和企业之间对于生产都会有自身的一套技术秘密，但某些领域由于高度标准化以及高度生产透明，企业之间相互学习和交流的可能性却很大，如对于大规模标准化生产标准的体系建设、模具产业的制造软件的学习交流等。事实上，这种基于标准件的生产流程的交流是企业间交流的主要模式，这种生产模式也是政府、行业协会等非生产机构推进企业间交流的主要手段。如一家企业的相关人员在被问及企业间横向交流的时候的回答道："交流还是有的，主要是在行业协会的软件培训班上⋯⋯"

相互信任的良性竞争氛围有利于构建共赢的经济生产系统，尤其对于同一生产集群内部的企业来讲，良好的竞争氛围是个体间合作的基础，这可以通过社会交换理论以及生物进化理论进行相应的解释，对于内部竞争的群体来讲，在外部稀缺性资源不明确且存在长期共同利益的情况下，它们更倾向于通过合作实现资源获取。

交易频率的改变也会影响企业之间的沟通以及关系的紧密程度。交易频率的提升有助于个体对交易理念、交易规则的理解，这种理解能够让企业形成更加紧密的生产关系，而对规则的理解有助于交易的简化，能提升交易的效率。交易频率的提升有助于企业之间正式和非正式的沟通，这种沟通对于企业正式契约和心理契约的形成都存在推动作用。

相互依赖的改变主要通过改变系统的分工结构、合作方式以及系统稳定性来改变生产系统的包容性。在相互嵌入程度相对较高的生产系统内部，尤其是成熟产品的生产系统内部时，专业化的系统分工能够促进生产系统内部专业技术能力的提升，同时还能减少个体进入生产系统的资源限制，并且对于生产专业化程度相对较高的生产系统来讲，由于单位产品的规模化生产，这种生产手段有利于个体成本的降低。因此，在专业化程度相对较高的系统内部，有效的专业化分工、系统内部良好的合作将有效提升系统本身的竞争能力，这种竞争优势将转化为同其他区域的竞争优势，能够有效推动外部客户对于这一区域的认知，促进区域内部机会资源的增加。而事实上，这种认知基于企业间的良好合作和竞争机制，如果没有良好的合作体系、完善的配套生产系统，地区品牌的建立、地区内部的竞争会带来逆向选择的可能，最终导致整个集群系统的崩溃。

对于一个相互紧密连接的大中小型企业共生的生态系统来说,由于企业之间具有相对完善的信息沟通机制、规则制定机制、合作机制以及资源共享机制,资源相对稀缺的情况更有利于促进竞争性企业的合作。良好的生态系统首先体现在竞争规则的公平性,其次则是体现在竞争系统内共生的依附性。对于一个具有良好的合作、竞争氛围的系统来说,企业之间的竞争规则来源于各个大中小型企业共同的探讨和权衡,这样的竞争规则能够保证最优的竞争者通过正当的竞争手段脱颖而出。事实上,对于具有较高内部信任度以及能够兼顾小利益群体的生产系统来讲,内部的小利益群体可以通过本身在竞争能力上的提升,最终做强做大。如一家大企业的受访者在谈到其与其他小型配套企业之间的关系时说:"有时候黄岩模具这个圈子限制在黄岩这一块,如果你不把它们培养好的话,你也找不到好的合作伙伴,如果你要做高端,必须把你的合作伙伴培养起来,这样的话它支持你,你才能做得更好……"对具有长期合作生产关系的企业来讲,这种交易系统将衍生出非正式网络关系,而这是生产商与客户相互之间信任关系的重要基础,这种信任关系的建立有利于企业之间依附关系的建立,如一家被访谈的企业这样形容其与客户之间的关系:"我们靠信誉的……老客户不会到别人那的,平时靠感情的,通通电话,茶叶、酒在节日里来往来往,最主要是弄好质量,做模具最重要的是质量、时间、价格。"

同时,联系紧密的系统本身具有更大的外部网络、更多的资源获取渠道以及缓冲区域,这有助于提升系统稳定性,同时减少相应的进入风险,也有利于实现稀缺要素资源的价值分享,提升资源的利用效率,降低相应的成本,如产业集群内部以某些领头企业为首的系统性专业化分工的出现。在一个能够完全体现要素价值的生产系统中,内部生产要素,资金、技术或者人才,只要其有效发挥了其本身的价值,其价值总能够通过物质或者精神的层面得以体现。当然,这种要素价值的体现在企业内部需依赖于良好的评价体系的建立,而对于一个具有良好生产氛围的企业来讲,标准化的考核体系是必不可少的。联系紧密的企业不仅仅能够从合作企业方获取客户资源、信息资源,还能够获得技术资源,最为重要的是改变了传统的单个企业独立竞争的模式,产生了合作系统模式,形成了独特的竞争机制,提升了企业在获取机会资源上的稳定性。如对一家大型企业的访谈就说明了这类生态系统的独特性:"大企业有些带动作用,但中小企业与大企业关系不大。大企业如果倒一家,上百家小企业会不好过,主要是出于供货原因。"由此,本书提出:

假设 4.1.2:信息对称度的改变、信任气氛的提升以及交易频率的改变有利于提升相互依赖,从而提升企业的机会、参与以及分享包容。

三、共同行为

共同行为的形成主要受到企业之间长期沟通、信息相对透明以及企业之间相互信任气氛建立等方面的影响。在长期沟通的背景下,企业的管理者很容易形成相似的认知机制,从而使得企业在筛选个体所获得的信息时有很大的相似性,即对于这些具有相似认知的个体来讲,他们都获得了其自身认为的在现阶段很重要的信息,当这种信息具有很高的相似性时,会导致企业在运作行为上也有很高的相似性。企业之间由于很容易观测到竞争对手的行动,并且由于专业的相似性,很容易对观测到的现象进行合理的解读,企业也会模仿其竞争对手的行为。另外,信任气氛的形成很容易使得企业在对外生产交易时形成一致性行为,并基于生产竞争系统内部竞争模式的规范化,提升企业之间的信任程度,形成共同利益基础。如在传统意义上,竞争的企业之间通常由于在技术上、外部客户需求上相对缺乏,可能通过各种不正当的手段获取必要的资源。但这种不正当竞争的直接后果是损害了地区内部产品的品质和形象,带来了严重的负面影响,在这样的情况下,各地的政府和行业协会开始思考通过一种有效的机制约束企业之间的恶性竞争,如在生产系统领域制定必要的生产标准,达不到标准的企业将被淘汰。企业也开始认识到这一问题的严重性,尤其是企业之间的人员直接导致了企业对产品生产质量不能实现有效管控,因此在同一生产系统内的很多企业开始考虑建立统一的人力资源管理系统,并实现这一系统的互通,如果出现某一员工在合同期内流动的情况,其他公司可以直接看到这一员工的基本资料,并不太可能录用这一员工。如一家企业这样描述其维护企业间关系和录用员工的准则:"我们企业绝对不会挖人……新员工必须交招聘登记表,什么时间在什么地方做过什么,如果短期内在其他地方做过,我肯定要问在那个地方是否签订了劳动合同,没有签订的,我会去询问那家企业,如果签订了,我肯定不要。"

共同行为的形成能在一定程度上促进企业对于系统内部竞争规则的理解,遏制恶性竞争,从而保证企业拥有足够的营利空间。在这样的竞争系统下,单一的生产者破坏相互之间和睦相处的潜规则的可能性比较小。事实上,如果一家企业通过恶意降价的方式来达到获得订单的目的,在竞争相对透明的情况下,其很可能很快面临其他企业的孤立,甚至受到行业协会等相关组织对于产品质量的调查。因此,对于大多数企业来讲,企业个体博弈的最终结果还是保持相对稳定的外部环境,以最大化个体的收益。在机会获取上,企业共同行为的形成能够推动集群系统福利水平的提升,如企业自身带来的客户资源并不完全需要在本企业下订单,到其他企业下订单也是合理的。很多企业对此都达成了共识,它们还是会努力宣传地区品牌。如一家企业的受访者在被问到相关问题的时候就说:"都是广交会(中国进出口商品交易会)看到,和一个企业接了头,我们带过来,今天到这家看,明天到那家看。很多企业都去参加广交会的。"

共同行为的形成使得企业在资源投入上保持相对稳健的方式,而不是激进的方式,这一方面是由于外部环境的制约,如外部需求的要求,另一方面来源于对风险的考虑。当然对于大部分企业来讲,在外部需求稳定的情况下,它们可能更加希望外部环境中的整体资产专用性与其本身资产专用性保持一致,以保持企业在这个市场中的竞争力,这就解释了市场中企业之间的模仿效应为什么存在,即长期以来一个行业整体都处于某一技术水平,但如果某一天某家企业通过更新资产设备实现本身竞争能力的大幅提升,其他企业也会纷纷效仿,事实上正是这种竞争和模仿维持了产业集群内部企业在竞争力与体制上的同构性(Pouder & John, 1997):"软件商就跟协会和会员单位建立起这种关系。刚开始的话是在一家,其他企业看到好,就慢慢上。没有分析是不是要上，而是跟风的。比方有一两家到哪里培训了，其他跟风也都去培训，风一阵就完了。比方这里的健峰咨询，大家都请。"因此，在这一层面上讲，企业考虑到两个方面的因素：一方面，新引进设备可能导致巨大的折旧损耗，即沉没成本相对较高，没有企业愿意冒险；另一方面，在这样一个相对平衡的竞争环境内部，大部分的小企业更加愿意保持现有的静态平衡。在谈到这个问题的时候，一家企业的受访者这样描述："老外看价钱的，他根本不看设备的，他们知道，你设备可以做，也可以到别人那里租过来做，他们都是哪里价钱便宜到哪去做。"由此，本书提出：

假设4.1.3：信息对称度、交易频率以及信任气氛的提升会推动集体行为的形成，并最终推动机会、参与以及分享包容的增强。

第二节　竞争力

竞争力首先体现为企业具有更强的议价能力，其次是具有更强的游说能力，最后则是具有更强的适应能力。所谓议价能力是指企业具有一定的能力或者资源，使得交易方能够舍弃其本身的利益以获得企业所提供的资源。游说能力主要体现为企业能够通过自身与各方的沟通，尤其是与政府或者规则制定方的沟通，推动制度的变革或者交易行为的形成等。适应能力主要体现为企业为适应环境的动态变化，能够有效调整本身的生产、技术、资源等。

一、议价能力

议价能力的改变主要来自信息对称度的提升以及企业本身资产专用性的提升。一方面，信息对称度的提升可能改变在位生产企业的议价能力、规则挑战能力（Coff，1999）。最为直接的影响可能来自外部竞争信息的不断增多，在这样的情况下，对于一个没有足够议价能力的企业来讲，可能会面对消费者的价格对比。在这种背景下，生产者为了能够维持持续性的生产，不得不通过降价以实现同行业其他企业的竞争。与此同时,生产系统中高度的信息对称有利于生产者搜寻最佳成本质量比的原料,以进行生产或者找到本身所缺乏的互补性技术源,通过持续性的投资培养出相对较好的技术基础。在这样的情况下,企业在市场上的竞争能力可能相对较高,从而有利于其在竞争和合作中拥有话语权。资产专用性越高,意味着企业拥有更多高精尖技术和稀缺资源。这种资源一方面能够带来垄断性的优势,另一方面也能体现这个企业在这一行业内的竞争能力。议价能力是收益争取权、话语权、规则制定权的体现。

议价能力体现为企业的收益争取权、话语权、规则制定权,这在一定程度上可以改变企业的收益、生产竞争的规则等。在地位不对等的情况下,首先,议价能力的改变能够使得企业更加有效地争取本身要素投入的价值,从而建立更加公平的市场竞争系统,这种竞争系统有利于利益依据要素本身的价值更加均衡地分布于生产系统的各个环节内部。其次,议价能力的提升也能够提高企业在规则制定方面的话语权,如资源的分配原则、竞争的规范性原则等。议价能力的改变也将带来企业之间的分配规则的改变。对于拥有高精尖技术的企业来讲,其在本身生产领域中具有不可模仿的稀有技能,使得其价值大大提升,这就导致其在同合作方进行谈判的时候具有相对较高的议价能力或者垄断话语权,为其带来垄断能力,而企业即使没有垄断能力,由于其在这一领域本身产品质量、技术能力的突出,配套生产商的获取也会变得更加容易,在众多配套商中其具有更高的选择权以及收益获取权,这对于生产系统中的企业来讲,是一件非常正常的事情。由此,本书提出:

假设 4.2.1:信息对称度、资产专用性的提升能够提升企业的议价能力,从而增强企业的参与包容和分享包容。

二、政治游说能力

信息对称度、资产专用性以及交易频率的提升将提升企业政治游说能力和规则的合理性,使得个体对于竞争规则、分配规则具有更高水平的认同。而这种认同是以规则的合理性、符合基本的市场竞争原则以及符合本身的价值观为基础的。信息对称度的提升能够让更多的弱势个体参与规则制定，为建立合理的规则系统提出建议，并改变竞争的规则。在一个相对封闭的系统内部，规则的制定由于缺乏系统的监督以及受到个人理性和利益的影响，难免受到利益群体的影响而出现扭曲，在这样的背景下，弱势群体可能缺乏有效的上升渠道，并且这种限制将最终导致社会阶层的分化，推动社会阶层的对立。但在信息相对对称的情况下，政策制定者、利益相关方之间能够通过有效的信息沟通实现本方利益诉求的传达，同时对于非公平的竞争规则也能够传达不满和批判，并提出有利于多方群体的折中方案。在一定程度下，个体更加愿意接受自身认同的各种约束规章。事实上，行业协会的建立正是基于这一目的，并且其功能正在不断完善，如一位企业家这样评价行业协会："行业协会给企业提供信息，参展报到协会或者外经贸局，需要政府解决的难题也反映给协会。"正是这种政策制定者、经济实践者之间的有效沟通渠道，使得区域内部经济发展能够保有持续性，并且通过广泛的实践基础的验证，这种模式还将有利于推动具有高技能但缺乏经济实力基础的企业的出现和成长，以保证未来经济发展的可持续性。

资产专用性高的企业通常拥有更好的政策反映渠道以及规则制定渠道，规则制定本身给企业带来了更多的责任以及发挥能力的余地，提供了相应的更改竞争规则的机会。通常，政策制定主要邀请大部分的大型企业以及拥有高精尖技术的企业共同进行商讨，这就决定了企业本身的利益能够得到准确的反映和关心。而对于那些小企业来讲，在资源有限的情况下，如果不掌握高精尖技术，那么必将受到外部环境的制约。此外，拥有较高资产专用性的企业在企业之间的竞争中也可能更加具有优势，这主要体现在高精尖技术企业在这一领域具有较强的发言权以及评审权，它们可能是行业标准的制定者，这就带来了很高的排他性，大部分配套商、采购商会依据这些规则进行产品生产和选择，如果同行业的竞争者无法满足相关要求，就可能面临淘汰的风险："我上次和黄岩区科技局的相关人员也探讨过，针对模具企业出台一些量身定做的东西。政府准备引进全国的模具检测中心，对黄岩模具品牌、知名度都有好处,政府也在思考如何包装推广模具产业,这点政府相当重视,包括技术创新、技术改革,这些从政府政策层面上说,这几年下的功夫是蛮大的。"这里需要强调的是,在一个高度同构化、相对成熟的产业集群内,资产专用性通常伴随着资产的独特性以及技术的高精尖特性,使得这些企业拥有话语权、渠道、信息获取和发送等方面的优势(Dyer & Singh, 1998)。

企业在与外部企业交流的同时,也能够获得与政府部门或者相关行业协会人员交流的机会,一般来讲,展会基本都由政府主导部门牵头,在这个过程中,通过同政府机构的相关人员的交流,一方面可以了解到最新的信息,另一方面还能了解到最新的政策走向,这对于企业来讲是至关重要的。当然在这个过程中,各类企业也可能就企业本身的诉求或者对政策的看法通过这种非正式渠道与相关部门交流,这种交流可能会最终影响行业内部的竞争规则。事实上,交流会耗费企业大量的资源,而这种交流在一定程度上决定了企业竞争规则的出台,长期参与行业协会建设和交流的个体,才可能有机会去权衡各种政策对于企业本身的影响。因此,从一定程度上讲,交易频率的提升有助于企业获得更多的信息以及与其他机构进行交互的机会,甚至参与规则制定的机会。

多方共同认证的竞争规则,由于其本身体现为当时对应市场竞争企业的要求,因此一方面能够直接体现市场竞争的要求,促进资源在竞争系统中的有效配置;另一方面也能够为弱势群体提供有效和开放的上升渠道,有助于增强区域发展的包容性。由此,本书提出:

假设 4.2.2:信息对称度、资产专用性以及交易频率的提升将能够提升企业的政治能力,并增强参与包容和分享包容。

三、适应能力

资产专用性的提升在一定程度上能够促进企业适应能力的提升。资产专用性主要体现在人力、技术以及关系网络等方面的专用性上。人力、物力等技术上的专用性使得企业具有更专业的技术技能,在成熟的行业内,这种技术技能能够使得企业很容易应对客户变动的要求或者外部产品创新带来的冲击。技术设备更加优秀的企业总是能够得到更多的外部认同,在竞争激烈的情况下,更加容易适应外部环境变动。在谈到设备投入的时候,一位企业家这样描述:"这种情况,专门出租设备的企业几乎是 0 个,因为每个企业的设备投资是很厉害的,稍微好的技术都是几百万美元,为了自身的人才等,不可能用多余的钱买很多设备来让别人去做。黄岩模具市场这么大,几个人组成的小企业,在没有设备的情况下,只有靠加工企业给它加工。所以黄岩模具加工是比较多的,各个环节都有加工。但是国外的情况和跟我们国家的情况一样,要求不是很高的,可以让小厂帮着做,大型的企业必须找有一定技术力量、设备的企业去做……"大部分企业考虑的是客户需求与本身投入资源价值回报的对比。本书更加认同高度的资产专用性并不必然带来更高的交易成本,合理的资产专用性更有利于企业竞争优势的建立。

资产专用性高不仅仅意味着企业能生产更高技术含量和价值含量的产品,同时意味着企业的生产成本更低,在这样的背景下,在行业平均价格的基础上,这类企业也能获得更高的基础收益:"打个比方,一个企业做到一定规模后,包括信息化的管理、标准化的管理,可以明显地感觉它的产品在品质上、品牌上、效益上逐步就做出来了……"这意味着对于企业来讲,能够更加容易地适应技术升级带来的影响,即使行业利润下降,也能够通过自身的技术资源在行业内竞争。基于网络的专用性资源有利于企业获得独特的信息和技术资源,在受到外部冲击的时候,庞大的集群为企业建立了缓冲区,使得企业能够在必要的时候进行合理的调整。

交易频率和信息对称度的提升也能够促进适应能力的提升,适应能力主要体现为对外部竞争环境的适应,一方面需要企业拥有足够的技术能力去适应相应的变化,另一方面需要企业能够及时获得相应的行业信息,以及时调整企业的部署,建立必要的缓冲机制和适应机制,而信息对称度和交易频率的提升能够促进企业从外部收集、观测到相应的信息。

适应能力对企业本身获取外部生产机会的影响主要体现在改变生产的进入壁垒以及产品技术竞争力。对于企业来讲,在资金缺乏的情况下,适应能力首先决定企业有效利用外部资源进入生产领域。事实上,初始资金的限制是大多数企业进入生产领域的主要壁垒,而这一壁垒的存在使得大部分小企业可能通过租赁设备进行生产的方式实现生产或者只能生产部分产品质量相对较次的产品。适应性相对较强的企业由于具有较高的调整能力以及技术基础能力或者较好的设备基础,在生产竞争中有一定的优势,比如具有高精尖技术的企业通常能够获得更好的生产机会,这正如新手和专家之间的差别一样,在纺织、模具、汽车制造等领域体现得最为明显。如模具制造设备可能是三轴的,也可能是五轴的,而拥有五轴设备的厂家通常能够制造复杂度更高的产品。同时,适应能力强的企业能够有效地在不同生产领域竞争,既可以同时在高端和低端市场发展,也可能有更多的交易规则可供选择,如设备基础较好的企业就可以通过租赁设备的方式进行经营,对于拥有这些专用性设备的企业来讲,资产专用性越高可能会拥有更好的市场机会,也可能在更高端的市场实现开发。如有些企业就认为,加工设备是重要的信号传递手段:"客户基本上都会来公司考察,考察加工能力,当然如果有更好的品牌、加工设备,选择机会也就更多。""你的技术取得突破,对工艺能不停地创新和改进,竞争力就强,一个企业技术往下降就没竞争力。我们逼着自己保持竞争力,必须做高端模具。这种东西一定有多大的经济效益是看不到的,但是市场效益很明显。"也就是说,适应能力的高低决定企业外部市场竞争力的强弱。

适应能力的提升能够促进外部多元化能力竞争的发展。适应能力强的企业可以通过及时调整战略、市场或者提升本身的技术水平来顺利地化解外部技术冲击带来的危机,从而在竞争中获得必要的外部资源,同时,适应能力比较强的企业应对激烈技术变革带来的影响的能力也较强。对不同利基市场的开发使得企业能够以独特的产品或者技术能力在市场上发展,催生了多种能力导向企业,同时独特的利基市场能够使其获得更多的获取外部资源的机会和分享利益的机会。由此,本书提出:

假设4.2.3:交易频率、信息对称度以及资产专用性的提升能够促进企业适应能力的提升,从而增强机会、参与以及分享的包容性。

第三节　合法性

合法性主要是指个体获得外部的认同,这种认同可能来自政府,这体现为企业符合法律的要求,遵守在法律中被明文规定的条文,也可能来自对社会风俗、传统、规范的认同,这主要体现为社会生产中的标准化等,还可能来自外部组织、企业对某些组织在生产系统中价值的认同,这被认为是认知上的合法性。合法性的提升能够改变个体的包容性。这在一定程度上是因为合法性对于改变小企业本身的可接受性、是否被需要,有助于降低企业本身独特性的影响。

一、合法规性

资产专用性的提升能够改变企业在法律地位上的合法规性。资产专用性的改变将影响企业在生产系统竞争中与外部的交流及信息获取,提升其在生产中的议价能力,尤其重要的是能推动企业参与生产竞争规则的制定,提升其在规则制定中的话语权,促进其与政府部门沟通,并获得相关权威部门的认同。事实上,在中国市场中,这种现象是相对比较突出的,如行业协会的建立,通常只有那些拥有一定基础能力的企业才能进入这一小群体,还有就是高新技术企业,通常国家会有更好的优惠政策,包括资产补助、税收优惠等,而这些高新技术企业还可能由于本身的突出能力而对接国际大型生产企业,获得稳定的订单。如大部分大型汽摩配企业通常同国际、国内的大型汽车企业签有稳定的供货协议。在谈到这一现象的时候,一家被访谈的企业这样描述现在的社会群体的形成以及进入群体后的好处:"一个是看你工厂的实力,这是基本要求,你比如说一个小作坊,它不会要你,你自己也觉得不好意思,然后你还得认可协会的一些条例要求,另外工厂加入协会要交一些费用,因为协会本身没有钱,组织活动的费用要各个工厂摊……专门有工作人员负责了解工厂,如果他感觉你这个工厂够条件了,不用申请,他就会邀请你。"

　　法律上的合法性的提升能够促进企业获得政府部门合法的资源补贴，即改变政企之间和企业之间的分配模式，而按照分配偏好理论，改变分配规则的能力和提供的机会将同时改变企业对于最终结果公平性的感知和对包容性的判断。首先，对于那些获得政府高新技术资格认定的企业来讲，它们无论在购买设备还是在生产过程中都可能获得过政府的补贴和优惠，当然这和国家的基本政策是直接相关的，具有高精尖技术的高新技术企业可能享受到国家给予的科技奖励，还能享受到15%的企业所得税优惠，有时候在土地资源相对短缺的情况下，还可能获得优先权。如一家企业的受访者这样描述高新技术企业的国家政策优惠："应该是这样，政府目前也是这样在做，企业把自己最核心的东西拿去申报，能打动它，它就给你，技术水平达不到，就肯定是给那些好的。这个我是从一些项目申报感觉到的……你的产品有优势、技术先进，就会把资源给你。"企业在购置高精尖设备后，也将获得更好的政策生产条件，如可以加速生产折旧、设备补贴等："设备从国外进口，政府补贴，一般情况下给退税，减轻成本……国外的设备先进……国内应该没有这种设备。"这些获得资格认定的企业通常由于其在特定领域的专用性技能，具有更好的市场，形成比较大的市场规模，而规模的扩大伴随着更多的优惠政策、资源获取政策。其中的主要原因在于本身所提供的税收相对较多，对社会的贡献相对较大。对于大多数企业来讲，这是一种相对公平的分配手段，"（土地）根本就买不到，我们内部说，能够拿到什么楼层，必须一年产值达到多少，因为你产值达到了，说明对黄岩模具有贡献，税收多，所以享受到政府给你的优惠。"

　　法律上的合法性能够增加企业进入相关产业、获取必要资源的机会，而这些机会、资源的获取只有等企业获得了相关部门的认可之后才可能实现。如一家企业的受访者这样描述："是可以申请，但是恐怕你不知道这个信息，甚至有的时候项目名额少，有的公司就不一定通知了。但实际这个没多少钱，对模具企业来说，总体还是公平的。"由此，本书提出：

　　假设4.3.1：资产专用性的提升能够提升企业法律上的合法性，并增强企业在机会、参与以及分享上的包容。

二、合规性

信息对称度及交易频率的高低会影响企业信息获取和资源获取的方式以及可获得性,改变管理阶层信息显著性(information salience)程度以及对竞争对手和合作者的认知(Pouder & John,1996),最终影响企业在市场上的竞争方式。同时,获取的外部信息的多样性和丰富性,将强化个体的能力以及促进个体有限能力的最大限度应用,促进个体对于竞争规则的理解。对于一家长期参与市场信息发布或者投入必要资源以获取展会参加资格的企业来讲,其与外部客户、政府官员交流的机会比那些相对闭塞的企业要多得多。如一家企业的受访者就谈到这一问题,他认为长期同供应商的联系使得其在信息获取、价格等方面都获得了一定的优势,"这些信息包括有什么更新的好钢材之类,供应商告诉你:'我有种更好的钢材,能够满足你的需求,价格便宜10%,考不考虑?'……主要还是这些方面的信息,因为供应商不会无缘无故把别人的东西给你,它会推销新的产品、新的工艺……"而这种交流将影响企业对于市场上产品制造标准、制造工艺的了解,对于竞争规则的熟悉能够有效避免在国际、国内市场上的某些不确定的耗费。如一家被访谈的企业就谈到,企业在成立的最初阶段,主要就是通过与国外采购商的合作了解行业内部认可的生产标准,并依据标准建立规范的生产流程和采购必要的生产设备。

标准化生产体系的建立一方面能够提升企业本身的生产效率、促进知识的结构化传承,另一方面能够提升外部对于企业的认同。标准化生产流程的出现使得企业能够有效进行产品内分工,并对各个流程进行质量考核,有利于企业在生产过程中对控制产品质量,保证资源的耗费收益:"我们有自己的一套标准,规模、设备、加工能力,这些都是可以量化考察的,专业人士过去一看就知道了,有什么设备,精度有多少,误差有多少,行程有多少,这个都是看得出来的。"对于传统的成熟的行业而言,如汽车行业,既有的标准化生产体系的认证有利于企业获得其他大型采购商的认同,最终加入与其他大型企业合作的行列。而这些标准的建立又推动了其他客商对于企业的认同,在一定程度上推动了企业获取更多的外部信息、资源和机会,带动外部企业同企业的合作和交流。如一家生产汽车配件的企业的受访者就这样描述这一现象:"如果我们没有通过 TS16949,就不会与我们合作,甚至有些国外客户,GE 之类,如果我们没有通过 ISO18000,就不会与我们合作"。标准化不仅仅是产品生产流程的标准化,也包括产品内部的标准化,如模具行业的标准化配件的应用有助于专业化分工,也有助于竞争中的外部透明度的提升,减小"逆向选择"出现的可能性,促进企业的良性竞争。由此,本书提出:

假设 4.3.2:信息对称度、交易频率的提升有助于合规性的提升,合规性的提升能够促进机会包容、参与包容以及分享包容。

三、身份认同性

信息对称度、信任水平以及资产专用性的提升能够促进企业对相关企业的认同,提升其在认知上的合法性。信息对称度的提升同时还将改变地区内部生产竞争的配套体系,这对于区域间的竞争具有重要的价值,从而提升系统整体的福利水平。对于一个地区性的系统来讲,地区知名度的提升尤其是地区的品牌构建促进了大量的生产配套个体的进驻以及相关配套生产企业的出现(Pouder & John,1996),如黄岩地区模具市场的原材料、物流、电镀,山下湖镇珍珠市场的设计、品牌推广等配套体系的出现,这些配套系统的出现首先表现出其在区域生产系统内利基市场的价值,其次则是通过规模化减小由地区偏远、交易成本高导致的竞争优势降低的可能性,延长集群内部企业的寿命。因此,在这样一个不算大的浙江省内,出现了4000多个以某一产业为主体的特色产业集群,这和其推动区域间竞争能力的提升是分不开的。对于产业集群的价值,当地的企业家也这样评价:"一个是在技术上可以得到相互交流,另一个是在零配件、加工件上可以比较及时、快捷,随时可以去买。模具的一些配套的东西可以随时购买。"

良好的竞争氛围能提升系统的合法性(legitemacy),促进更多的外部生产商、供应商加入生产系统,还能推动个体从自身的供应商和合作者获得必要的生产技术、前沿技术信息。而生产技术、前言技术信息的获得将进一步促进其本身能力价值的实现,从而改变个体对于参与包容度的感知。一家企业的受访者在描述本地优势时这样说:"黄岩最大的优势就是抱成一团,它整个配套体系非常完善。以前有人这么讲,假如说你一副模具的单子,到了黄岩,你找一个人就能做出来,它有一个很强大的配套体系在里面,这也是黄岩模具这么多年能坚持下来的一个优势……黄岩模具好像是 600 多家,配套体系还有 3000 多家……"

良好的竞争氛围同时有利于企业间的竞争与合作,有利于提升区域的合法性,通过构建良好的竞争与合作体系实现最大化的社会效益。在一个竞争的生产系统内部,良好的合作和竞争体系有利于构建良好的客户关系网络,推动产业集群内部口碑的提升。事实上,基于客户口碑的宣传模式是重要的也是最为有效的宣传手段之一。这种口碑的建立首先有赖于良好的产品质量,其次则是过硬的技术标准,再者就是良好的客户关系。产品质量的保证在很大程度上有赖于地区内部良性的竞争体系,如对于大部分客商来说,他们的标准主要来源于性价比,但产品质量具有隐蔽性,只有通过一段时间的检验才能被检测出来,那些保证产品质量、生产耗费高的企业可能得不到订单,这容易导致集群声誉受损,最终导致区域系统利益降低。如当被问到企业获得外部订单的可能性的时候,一家企业的受访者这样回答:"每个企业进行大的投资,还是要亲自来看一看。口碑等比较重要……"

通常,大型企业和具有高精尖技术的企业会得到更多的外部认可,大部分小企业愿意与这些企业合作,以获得必要的资源。事实上,这不仅仅体现为企业本身突出的技术带来其在相关领域的权威性,使得其他生产厂家更愿意与这家企业合作,以获得相关的学习机会,企业还可能获得更好的采购商基础以及合作伙伴,从而进一步推进企业的发展,同时还可能通过发展与这些合作伙伴的关系获得更好的技术发展前沿的信息,原因在于,通常对于大部分的生产商来讲,如果要保证新技术的成功,一方面要考虑合作伙伴的技术开发基础,另一方面要能有效地从对方获得互补性的资源。因此,对于一家具有相对较高资产专用性的企业来讲,外部的合作网络是可以通过精心挑选而设计的,而对于其他企业来讲,这种主动权可能就被别的企业所掌握。

外部认同度的提升能够促进企业的非正式交流。事实上,供应商提供的相关信息是生产商在生产竞争领域保持最新动态跟进的重要手段,而这些信息的获取有赖于客户间信任的建立,在中国这种传统型的社会,很多重要的信息主要来源于客户之间的非正式交流,这也是为什么中国存在浓厚的"酒文化"。以下访谈资料可以表明建立广泛的非正式关系对于在中国进行贸易的重要性:"一般的话还是跟客户的交流。做模具有两种情况:第一种就是直接做整个产品,比如本田公司要开发一套模具,它在车未上市之前准备这副模具。第二种是车子上市了,维修市场去做。第二种肯定很难捕捉到市场信息,因为只有车子上市以后才能知道车灯是什么样子的。车厂在设计的时候就把数据发给我们,我们根据这些提前帮它做,这样客户需求发生更改的话,我们会第一时间知道。假如我们今天接的单子,什么是最近发展的方向,我们就了解了……以后可能就是整个汽车车灯发展的方向,通过节能的方法,比较经济。这个目前国内基本上还没有,如果你不参与产品开发你就永远不知道这个信息。"

认知合法性的提升能够促进企业获得外部资源,尤其是金融和短缺型的原材料资源。对于企业来讲,尤其是刚开始运行的小企业,缺乏必要的资金支持通常是企业运营出现问题的主要原因,获得资金的渠道通常包括亲戚网、地下贷款,最后才是正式贷款。其中,亲戚网是最重要的资金渠道,一方面由于相互间的信任和了解,另一方面则由于地下贷款的高利率以及正式贷款的进入门槛太高。而事实上,这种基于亲情的关系网的应用是农村经济发展的重要基础,也是企业原始资本积累的重要手段。如一家企业的受访者就这样说道:"小企业(在贷款上)肯定相对比较麻烦,它们需要靠亲戚之间的相互借贷,这是比较频繁的……"由此,本书提出:

假设4.3.3:信息对称度、信任气氛以及资产专用性的提升能够促进认知合法性的提升,并增强机会、参与以及分享包容。

第四节　特性显著性

特性显著性主要指企业本身的环境特性变得更加显著,这主要体现为企业可获得的外部资源的丰裕性,以及外部环境变动或者企业行为的确定性、环境和企业运营生产的透明性等。

一、丰裕性

区域信息对称度、交易频率、资产专用性的提升能够提升地区资源的丰裕性。信息对称度的提升能够丰富外部的机会资源,同时还将改变机会资源的分配模式,使得这种机会资源向最优竞争能力的个体转移(Fombrun & Shanley, 1990)。事实上,对于企业来讲,机会资源的获取有赖于本身能力的构建以及企业外部信息的发送,尤其是后者,能够有效促进外部个体依据企业在业界的广告效应加入个体生产系统。而这种信息的发送不仅仅是一种信号传递,同时还可能包含了企业本身基础能力以及信誉度(Spence, 1974; Fombrun & Shanley, 1990)。同时,信息对称度还可能通过区域品牌的形式体现,在中国产业集群的初始发展阶段,地方政府就非常重视主导区域产业品牌的构建,这种产业品牌的构建可提升区域的影响力,尽管区域内某一个体企业不可能直接从中受益,但事实上这大幅提升了区域内部个体机会获取的可能性。在访谈中,有不少企业认为,这种区域性或者个体性的品牌虽然不能给个体带来直接的效用,但对于区域整体有正向影响。如当被问及黄岩模具品牌建设的优势的时候,一家企业的受访者就这样说:"黄岩是汽车注塑中高端模具的一个非常重要的生产区域,不管怎么样,我们接单的话,他到了这边可能进一步挑选,但至少我们能够把客人吸引过来,再通过我们的优势去争取客人,这样通过设备、市场、品牌的集群帮助企业。"因此,温州瑞安、黄岩等地的政府、行业协会积极推动区域品牌建设,还积极地维护当地的品牌声誉,遏制不正当竞争导致的负面影响。

交易频率的高低主要决定企业之间两方面关系的改变，一是交易模式的改变，二是交易资源重要性的改变。交易频率的改变所带来的机会的改变可以体现为，增大了与外部市场机会接触的可能性，促进企业之间形成相互依赖的信息沟通渠道。事实上，对于个体企业，尤其是新建的企业来讲，市场渠道的开拓手段主要包括参加展销会、广告等，其中，参加展销会是企业获取外部市场最有效的手段之一。如一家生产企业的受访者这样描述其客户的来源："一个是广告发布，专业网站发布，然后展会，然后通过客户口碑，还有些客户合作商，都是销售渠道。我们去开发也是有限的，比如从事挤出行业才有可能去推销，目标客户更加集中……"对于企业来讲，通过各种宣传手段发布个体的信息，将在不同程度上耗费企业资源，如果从消费者信息搜索的角度来讲，信息发布量越大就越容易让消费者获取或者捕捉到个体发布的信息。通常对于卖者来讲，一种专业性的信息发布方式，如展会等，其信息发布量越高，在产品性价比具有竞争优势的情况下，越能够为企业带来更多的外部客户。另外，从交易本身的角度来讲，企业交易次数越多，说明企业的外部需求也可能越大，这意味着企业所处的行业或者领域是一个具有较高成长性的领域，能够在固定的时间内获得更多的外部订单。

事实上，按照社会网络理论，交易频率提升更可能有利于企业获取外部技术以及与生产相关的关键性资源。事实上，通过持续的交流、提供各种不同的样品等沟通，虽然企业可能在这个过程中耗费大量的资源和成本，但对于企业来讲，其本身的确获得了大量有用的技术前沿信息或者与相关部门建立了一定的关系，这种关系的存在使得企业可能通过企业或者企业的口碑获得更大的外部市场机会以及拥有更加广阔的市场前景。同时，对于具有较高交易频率的企业来讲，容易通过与相关采购商以及供应商的交流获得专业认同以及相关市场信息。这一方面可以改变外部企业对于本企业的认识，提升企业在业界内部的被关注程度，另一方面也可能带来企业对于现有市场发展情况的更加深入的认识。如果将这种交易的耗费看作交易关系建立的一种方式，那么这种关系的紧密程度在一定程度上可以决定未来交易机会获取的可能性。机会获取本身需要考虑企业个体的技术水平以及产品的价格,一般来讲,关系只是最终交易关系的必要非充分条件。一家企业的受访者这样描述通过长期交易理解交易规则、获得生产机会的过程:"聘请一些企业的技术人员作为我们的顾问,像上海那种星期六工作制那样的。现在可以通过网络,他们为我们提供方案,传给我们。这些技术人员所在的一般都是些比较大、比较好的企业。现在我们企业已经有了自己的标准,因为我们的客户非常看重自己的品牌,因此对标准的要求很严格。那些真正的大客户是非常注重品质的,没有一定的标准的产品他们是不敢要的。国外经销商也有很多不同的类型。我们现在的客户都是比较大和稳定的,比如福特、通用公司,它们把我们的产品拿到它们的维修市场,作为复配……它们对我们也有很严格的考察,经常来看我们生产流程、管理等……也会为我们提供相应的技术、管理建议……虽然是维修市场,但它们的这个市场是非常标准的,是属于它们的系统的。它们下面有配套商,我们作为它们的二级配套商,做它们的发动机的上顶部分。虽然我们现在在温州产量排第二,但在配置、质量、效率这些方面是很有优势的……在市场上相对竞争力较强。"

在集群环境层面,集群整体资产专用性的提升能够使得企业本身的利基市场更具多样性,这种多样性不仅仅表现在产品种类上,同时还表现在单一产品的质量上,即具有高资产专用性的企业既能在低端产品上发展也能在高端产品上发展,这使得企业具有更多的选择机会。由此,本书提出:

假设4.4.1:信息对称度、交易频率、资产专用性的提升能够提升企业及地区资源的充裕性,从而增强机会包容。

二、确定性

信息对称度、交易频率的提升能够提升交易过程中的确定性,这种确定性不仅仅是交易产品本身的确定性,同时还包括交易流程上的确定性。确定性主要是指由相关交易带来的影响所能够测量的程度。

信息对称度高,个体依据本身所获得的信息进行合理的投入,使得个体在投入的过程中能尽量减少损耗。也就是说,相比于在信息不对称的情况下,个体可能获得更加合理的外部资源回报,尤其是考虑可能出现的沉没成本以及外部市场竞争中的不确定性风险,这种收益可能是显而易见的。如我们在瑞安市汽摩配产业集群调研过程中了解到,产品生产系统的标准化以及产品本身质量标准的出现,使得采购商或者消费者本身在采购相关产品的时候,遇到产品质量问题或者质量不过关的情况大大减少,这也说明了为什么国外采购商要求相应的企业必须通过特定的生产标准,如"如果我们没有通过 TS16949,就不会与我们合作"。在这样的情况下,各类产品基本上会有特定的行业标准来约束生产或者保证产品本身的质量,或者对于特定的生产设备会有特定的生产技术标准,生产者原材料不过关或者本身技术不过关导致要素投入无法获得回报的情况大大减少。

交易频率的提升通过持续的沟通和交流,帮助企业理解交易的基本规则,有助于提升产品质量、产品消耗、产品运输库存等方面的确定性。长期的交易使得企业建立起一套基本的库存优化系统,包括原材料耗费以及成品库存等,这种持续的、长期的交易能够在很大程度上减小企业临时调度,以及资源闲置问题所带来的影响。由此,本书提出:

假设4.4.2:信息对称度、交易频率的提升能够促进确定性的提升,并增强机会和分享包容。

三、透明性

信息对称度的提升能够提升地区内部交易规则、交易方式、交易内容、交易方等的透明度。透明度体现为行业内部相应产品的优势、获得相应资源的资格,以及资源分配的规则和过程,这些是可以直接观测的。

透明度的提升将带来机会资源的优化配置(Fombrun & Shanley, 1990),如在竞争相对激烈的行业,尤其是具有固定生产模式和标准件配套的行业,生产产品的耗费相对透明,如黄岩模具:"有些客户是慕名而来的,黄岩的模具比较好……但他们也找厂家的,拿着一个要做的东西,从品质到价格都要充分酝酿,找有实力、价格公平的那家。我们的企业在黄岩,人也是黄岩土生土长的,像陈总他们都是一点一滴地从基层做模具开始,对模具相当精通，一副模具需要多少材料、多少钱都可以很快计算出来。"在这样的背景下，企业通常有意愿通过技术创新、流程创新以降低企业内部的成本耗费或者提升单位耗费的产品生产效率。客户在这样的背景下通常依据价格的对比发现生产效率最高的企业，事实上，信息足够对称使得没有足够生产能力的企业进行投机的可能性大大降低。如果企业进行投机生产，由于市场竞争足够激烈，并且竞争获取的资源是与外部对等的，那么非常容易被同行企业检举，并受到来自政府、行业协会等的惩罚。如一家企业的受访者就谈到在这种信息相对透明的情况下，企业间公平竞争的类似问题："我们带过来个客户，我们报价40万美元，结果别人报价25万美元，差15万美元，他说用PLO的料，我说这样成本都不够，最后我让他把模具拿去检测，料拿去化验，材料都是45号钢，偷工减料，最后没办法，模具给退回去……"因此，在信息足够对称的背景下，企业间的竞争将有利于资源的最优化流动和配置。

透明度的提升还将改变机会的来源模式和企业以及利益相关者之间的合作竞争模式（Fombrun & Shanley，1990）。从传统意义上讲，个体获得相关生产机会的主要渠道包括信息宣传以及亲戚朋友间的关系网络，信息对称度的提升使得这种基于亲戚网或者政府关系的非正式渠道显得不再那么具有价值，尤其是在现阶段，政务公开程度、信息透明度不断提升的背景下，这种关系的影响将不再起到决定性的作用，如一家企业的受访者这样评价信息对称对非正式渠道带来的影响："老外不看的，哪个便宜叫哪个做……"

当然，竞争规则的改变不只限于企业和企业之间，事实上透明度的提升同时还改变了政府、权力中心的参与模式。正如权力关系的应用可能改变资源的获取模式，政府权力的介入也会改变企业之间竞争的平衡，尤其是在依赖于土地、公共资源的生产领域，如果不能对公权力进行有效监督，个体竞争不能有效依循生产流程规章进行，那么资源流动、匹配将产生非效率性。而透明度的提升不仅仅会改变机会资源的分配模式，同时还将改变企业之间竞争重点投入的模式，如在一个相对腐败的地区，竞争的资源可能会很大一部分被投入政府等公权力部门，而在一个相对透明、公正的环境下，资源的投入将主要聚焦在技术创新、内部管理控制领域，推动一个更加公

平、公正的机会资源竞争体系的建立。由此,本书提出:

假设 4.4.3:信息对称度的提升会提升环境的透明度,透明度的提升能够增强机会和参与包容。

第五节 讨论与结论

通过探索性案例分析,结合原始访谈材料以及现有的理论,本章构建了从交易成本到包容性认知的两阶段作用机制模型,即交易成本改变能够改变个体对客观包容性的认知,而客观包容性的认知改变将最终影响个体主观包容性的认知。

信息对称度能够改变机会包容。首先,信息对称度能改变机会资源的分配模式,使得这种机会资源向具备最优竞争能力的个体转移,促进机会资源的优化配置;其次,还能改变机会的来源模式和企业以及利益相关者之间的合作竞争模式。在参与包容方面,信息对称度能促进生产交互,改变地区内部生产竞争的配套体系,提升系统整体的福利水平,还能促进生产竞争系统内部竞争模式的规范化,提升企业之间的信任程度,形成共同利益基础,进而改变竞争的规则制定方式。在分享包容方面,信息对称度的提升可以改变企业的议价能力、规则挑战能力,促进个体依据本身所获得的信息进行合理的投入,使得个体在投入的过程中能够尽量降低可能的损耗。

信任能够改变市场系统包容性。首先,信任能够改变机会包容,而机会包容有利于构建共赢的经济生产系统,推动个体间合作;其次,企业间的竞争与合作有利于提升区域的合法性,通过构建良好的竞争与合作体系实现最大的社会效益;最后,信任程度的提升有利于个体获得外部资源,尤其是金融和短缺型的原材料资源。在参与包容方面,良好的竞争氛围将有利于推动企业之间的交互、信息交流,改变企业之间信息交流的机制,提升个体对于竞争系统包容性的认知;其次,良好的竞争氛围能提升系统的合法性,促进更多的外部生产商、供应商加入生产系统,推动个体从外部供应商和合作者那里获得必要的生产技术、前沿技术信息;最后,良好的竞争氛围能够推动大中小型企业共生的生态系统的建设,在资源相对稀缺的情况下,更有利于促进竞争性企业的合作。在分享包容方面,首先,良好的竞争氛围将改变生产系统内部的分享模式;其次,良好的竞争氛围也有利于实现稀缺要素资源的价值分享,提升资源的利用效率,降低相应的成本,提升系统稳定性,同时减小相应的进入风险。

在机会包容方面,资产专用性的提升能突破个体进入生产系统的壁垒以及提升产品技术竞争力,而过高的资产专用性,由于沉没成本的存在以及采购商对于质量、成本平衡的考虑,企业可能产生更高的损耗,而不能获得更多的外部机会,即出现"先行陷阱"。在参与包容方面,首先,资产专用性的改变将影响企业在生产系统竞争中与外部的交流以及信息的获取,提升其在生产中的议价能力,同时促进企业参与生产竞争规则的制定,提升相应竞争规则伦理性、道德性;其次,资产专用性的提升能促进企业在本身构建的生产系统中占据主动权,有效地从其他合作者中获得互补性的资源;最后,资产专用性高的企业通常拥有更好的政策反映渠道以及规则制定渠道,规则制定本身为企业带来了更多的责任以及发挥能力的余地。在分享包容方面,受到资产专用性带来的议价能力以及话语权改变的影响,资产专用性的改变会引起政企之间和企业之间的分配模式的改变,如国家政策的补贴等。

在机会包容方面,交易频率的高低主要决定企业之间两方面关系的改变:一是交易模式的改变,二是双方交易资源重要性的改变。首先,交易频率的改变所带来的机会的改变可以体现为,在提升交易频率的过程中增加了外部市场机会的接触可能性,促进企业之间形成相互依赖的信息沟通渠道;其次,交易频率提升可能有利于企业获取外部技术以及生产相关的关键性资源(Granovetter, 1947)。在参与包容方面,交易频率会影响企业获取信息和资源的方式以及可获得性,改变管理阶层的信息显著性以及对竞争对手和合作者的认知,并最终影响企业在市场中的竞争方式。

本章主要有两个方面的不足,首先作为一个考察生产系统企业内外部环境变化对企业影响的探索性案例,从本质上来讲,时序性的连续跟踪模式可能产生更好的研究效果,更直观地反映外部环境带来的影响。虽然我们通过多方访谈,对已有现象的变化和其带来的效果进行了交叉验证,但难免存在人为的认知偏差。其次,虽然从包容性认知的角度讲,依据分配偏好理论和可行能力理论,客观包容性的改变会最终影响个体主观包容性的认知改变,但其中的作用机制还有待进一步分析拓展,仅仅基于这两方面的理论可能还不能有效地解释所有的现象。尤其重要的是,这两个理论能够说明前向的作用过程,但对于后向的形成过程并不能做出有效的理论解释,即理解机会包容、参与包容和分享包容三个构念如何影响整体包容性认知的形成,这三个构念之间的作用机制模式是如何的,本章中并未很好地进行解读。

本章研究也存在多方面的启示。首先,以往研究主要聚焦于包容性发展的实现方式,而很少说明包容性认知是如何出现以及何时才会出现的。交易成本视角下的研究为我们提供了一些认识,为理解包容性出现的环境基础提供了解释。包容性认知可以来源于政策环境的变化,政策的调控会改变企业生存环境的机会资源以及竞争环境,而这种改变将影响企业对于包容性的认知。包容性认知也可以来源于企业本身的内部生存系统,如同合作伙伴之间的合作关系的改变、交易模式的改变等。这使得研究者可以看到,包容性认知是一个长期的、过程性的、整体性的对外在环境的认知,而并不仅仅是对某一阶段的片段解读。

其次,以往的研究主要聚焦于客观包容性是如何产生的,而对于主观包容性的分析相对较少,而对于它们之间关系的研究则更加缺乏。本书将客观包容性与主观包容性进行区分,将客观事实的存在与个体的主观认知区分开来,这对于形成符合各类群体所共同认可的包容性生产系统具有更加直接的体现性。在构建研究模型的过程中,将包容性认知的形成建立在环境推动的基础上,这有助于我们理解包容性环境和个体包容性认知的差异,也有助于理解外部供给和生产者本身需求之间的差异。通过改变现有的环境满足生产者本身的需求,是实现客观包容性向主观包容性进一步拓展的基础。客观包容性是可以由产业政策、产业环境所调控的,而主观包容性则是以这一环境为基础的。最为重要的是，主观包容性认知的提出使得从政策制定到个体认知的作用系统的形成成为可能，这有助于进一步推动政策心理学或政策伦理的理论研究。

再次，本章对交易成本理论亦有所贡献。传统的研究主要将交易成本作为产业层面或者仅仅作为企业层面的独立现象，忽视了产业政策、环境本身对于企业产生的影响，本章将政策所构建的环境与企业本身所构建的生产环境联系起来，将这种环境带来的影响进行耦合，并视作企业本身生产所同时面对的现象。如通过改变企业所在环境，如建立地区品牌，改变企业所处环境的信息对称度，这种信息对称度的改变直接体现为企业的竞争机制、分享模式的改变。而企业本身也可以通过构建信息系统来促进信息对称度等的改变，这种环境系统整体性的改变改变了企业信息的获得和发布模式，由于环境本身是产业政策和企业共同构建的，这种耦合显得更有必要，企业对环境本身包容性的认知来源也已经很难区分。另外，由于缺乏合理的分析手段和工具，以往的研究很少分析产业政策构建的生产环境对企业本身的影响，基于交易成本这个工具变量，本章为这一研究领域提供了一定的考察手段，构建起了分析的桥梁，相信未来会被应用于政策制定领域以考量一项政策对企业环境认知的影响。最为重要的是，本章提出交易成本作为政策和企业环境的沟通桥梁，优化资源的利用效率是两者的核心结合点，而并不是最小化环境的交易成本，对于企业来讲是高投入高回报，而对于政府来讲是资源和社会福利的平衡。

虽然本章研究市场系统的包容性实现机制，但研究结论同样有益于市场系统中企业发展的研究。本章基于对历史性政策和企业生产环境的分析，提出了交易成本改变对于包容性系统的影响，而在一个包容性的系统中，这种影响就体现为生产机会和资源的可获得性、竞争、分享模式。对于新创企业来讲，机会、资源的获得以及有效利用个体所拥有的资源显得尤为重要，改变交易成本为合理高效地利用这些资源奠定了基础，而合理的产业环境的构建也为研究新创企业政策提供了一定的理论基础。本章也为生产网络和生产系统的研究提供了一定的理论分析，如在一个生产系统中，网络的结构嵌入约束这个网络的规则的出现、形成以及变动,到最终被生产系统中的个体所认可是如何实现的,本章从信息对称度和资产专用性的角度为规则的变动和规则的产生提供了一定的借鉴。为了理解这些现象背后的原因、理解网络制度的形成,借鉴企业行为、产业经济学等知识显得非常必要。

最后,本章也有助于产业政策的构建。从产业发展本身的角度来讲,交易成本理论的引入将产业政策与企业生产环境认知联系起来。这对于在政策制定过程中有效地预见未来产业政策的影响具有非常重要的价值。对于政府部门来讲,不仅仅能够制定更加合理的产业政策,还可以促进产业的合理优化。对于企业也具有同等的重要价值。本章指出了企业本身的网络、交易环境以及内部资产对于企业本身在市场中的影响,对于一个新创企业来讲,平衡其本身所拥有的资源,构建本身生存资本积累所必需的生产环境,实现有效的资源利用,使其认识到企业本身环境设定并不是为了最小化本身的交易成本,而是最优化本身资源耗费的效率,厘清这一本质性的问题,有助于企业在生产竞争中优化自身的行为,达到合理调控政策的目的。

第六节　未来研究展望

在交易成本的研究上,值得关注的是通过设定交易成本促进包容性生产系统构建的政策理论系统的构建。相比于传统的研究主要聚焦于产业层面或仅仅聚焦于企业层面的分析,通过交易成本这一沟通媒介、工具,未来的研究可以拓展到政策制定和企业行为的关联性分析,这为进一步拓展政策伦理学、政策心理学、政策企业行为等方面的研究提供了一种基本的分析方法。在这一方面,需要考察如何有效平衡企业的资源利用、外部环境资源的耗费以及社会收益、企业个体收益的问题,即基于交易成本的产业政策的基本原则,从制度设定的角度理解,何时能利用高交易成本,何时才能利用低交易成本,而并不是仅仅从降低交易成本的角度进行思考。在这一背景下,结合对企业认知的研究,将从政策制定到个体认知行为分析,建立对交易成本的研究基础。

首先,研究构建了机会包容、参与包容以及分享包容三个构念以度量包容性,因此包容性认知需要基于对这三个构含认知而形成。未来的研究可基于这三方面的测度,进行进一步的拓展,构建包容性的主观测度量表将有助于推动包容性理论研究的发展,为未来构建政策对于包容性认知的影响系统奠定基础。

其次,对于包容性发展的研究提出了主观的测度问题,这对于改变传统认识具有重要价值,不仅从经济角度还从心理角度去认识包容性。在这个过程中,研究者理解的包容性问题不仅仅是一个供给性问题,同时还是一个需求满足性问题,如何有效地在不同的经济发展阶段平衡这两个问题是非常重要的事情。未来的研究可以考察,在整个需求的背后包容性认知的基本原则性,只有构建起了这些基本的原则,才能够随着环境的改变,通过不断地调整相应的政策构建促进包容性的生产系统,即处理制度建设的理念性问题。这方面的研究将有助于理解企业的需求,寻找产业战略与企业发展的平衡点,推动社会的包容性发展。

包容性发展需要思考客观包容性向主观包容性认知的转化过程。本章虽然从分配偏好理论以及可行能力理论衔接了客观包容性向主观包容性转化的过程,但主观包容性本身是一个复杂的认知系统,它的形成机制可能来源于其他领域,出于研究者调研样本的限制以及本身认知的限制,尤其是个体需求本身差别的问题,这种缺乏有时候是不可避免的。

最后,对于包容性发展的研究还需要考察各阶段的包容性认知和整体包容性认知的形成关系。我们认为,包容性的各个阶段应该具有本质的区别,包容性认知的形成过程不是一个独立截面,而是一个积累的过程。在这个过程中,每个环节可能有其本身的影响,这种影响使得各个阶段可能存在一定的平衡。既然每个环节有其本身的影响,那么对于这方面的研究将有助于平衡政策或者环境构建者思考:在资源有限的情况下,如何最有效地提升个体的包容性认知?

现有的研究主要考察了包容性发展的形成机制,未来的研究可以转变为,个体在认知到非包容性环境的情况下可能产生的行为。在这一研究领域,最为重要的是需要重新思考什么是非包容性,以及在非包容性的背景下,个体可能采取什么样的方式去改变制度规则和促进制度设计的更改,如果无法改变政策规则,企业又将通过怎么样的方式进行自我调整。

本章的研究结论表明,对于个体来讲,所处环境的信息对称度、外部信任气氛、资产专用性程度、每次交易带来的直接耗费将影响个体所处环境的包容性,并进一步影响个体对于社会包容度的感知。对于经济体来讲,如何有效地降低外部因素的影响成本是每个企业所需要考虑的。这一作用机制的研究将直接将社会经济政策调控、国家外部环境的变化与现实的经济发展运行联系起来,使得我们得以理解在一个信息对称度不断提升、生产配套系统不断完善的系统领域内,创业者本身的发展会有什么样的改变。

相比于传统的对交易成本的研究,本章提出了如何改变交易成本以促进社会包容性发展的作用框架。这一理论框架在一定程度上解释了发展本质的重要性以及在发展过程中保持公平公正对于长期持续竞争能力的构建、保障社会稳定的重要性,这对于交易成本理论在社会福利系统领域的应用是一项视角相对独特的探索。同时,基于政策制定视角的交易成本同社会包容性发展作用框架的建立,将为社会经济长期的发展提供有效的外部指引。

第五章

研究方法及量表构建

基于对于交易成本和包容性发展之间作用关系的案例讨论以及对于相互间作用机制的理论分析,本章将主要就研究量表的设计、变量测度及相关样本数据的获取过程进行说明,同时对获得的数据进行探索性因子分析和验证性因子分析,以说明量表的内容效度、聚合效度和区分效度。本章将开发包容性发展测度量表,并且基于量表研究归纳判定包容性的基本准则。

第一节　研究方法

本章的研究对象主要是创业者、个体户或者小型企业的拥有者,这首先是由研究本身的特性所决定的,包容感知是个体对社会现状的一种感知,因此研究对象为个人;其次是由于研究的基础理论是在交易成本上,而在社会生产实践中,企业的生产交易会更直接、更多地体现出受到交易成本的影响。在这方面,企业无疑是最好的研究对象,而对于创业者、个体户或者小型企业的拥有者来讲,一方面是个人,另一方面其又直接体现了企业法人的特性,同时其个人的收益体现了企业的收益。因此,与其他仅以企业为研究对象和仅以个体为研究对象的研究相比,本章在研究对象的取样上会有一定的差别,但能很好地体现个体和企业的结合。由于所涉及的研究领域相对较新,本书开发了可测度变量的量表,通过问卷发放、收集、处理等进行实证分析。

一、量表开发与设计

问卷的合理性将最终决定结果的真实性以及准确性,更是保证数据信度和效度的前提。在一定程度上,在问卷测度内容一致性相对较高的情况下,多题项的量表会比单一题项的具有更高的信度。因此,在研究问卷的设计上,本书主要采用多题项的量表测度方式。量表开发的手段主要有两种,一种是全新量表的开发,另一种是基于成熟量表的再开发。这两种量表开发手段在实现量表的基本测度之前会存在一定的差异,而在形成量表基本测度之后,整体的处理方法存在很大的相似性。因此,问卷的开发最好经过以下相关流程。

首先,针对全新量表的开发,可以通过实地访谈或者开放式问卷或者半开放式问卷的方式获得对于某一概念的基本描述,之后通过系统的整理归纳将这一概念划分为不同的维度,并用不同的指标来刻画不同的维度,这些指标主要来源于实地访谈或者问卷调查。本书对于包容性发展的测度主要采用了这种方法,通过访谈案例企业以及必放半开放式问卷的方式确定包容性发展的基本维度,并在些基础上通过不断归纳总结获得基于这些维度的子指标。当然由于包容性发展本身涉及公平理论这一相对成熟的理论,因此在量表的开发上,我们也借鉴了关于公平的测度,具体的开发过程将在变量测度中进行详细描述。

其次,针对基于成熟量表的再开发,主要通过检索已有文献,发现对某一测度指标的描述或者已有的测度方式,在这一基础上进行整理、归纳,开发出新的适用于相应研究问题的量表,如本书中对交易成本几个子维度的开发、满意度的开发都采用了这种方式。通过检索文献、确定相关量表子维度,我们进一步与团队成员讨论,分析了这些量表测度的合理性,在原有量表基础上依据研究问题进行了一定的删减,并形成了测度指标的第二稿。

在理论上实现对测度指标的有效描述之后,还需要被研究对象顺利地理解,尤其是所描述的事实应当体现企业本身的特性或者符合个人的特性,因此,设计好的问卷还需要与企业人员进行探讨,以明确变量测度的表达方式以及变量之间逻辑关系的合理性。当然,由于本书的逻辑关系的建立主要基于包容性发展这一理论,因此这种关系的合理性主要通过已有探索性案例进行构建,而问卷设计之后的讨论主要作为辅助,用于提升问卷的易读性。在这一过程中,我们主要找了4位校友进行讨论,他们已经在企业工作了3年左右,因此对于企业运营的理解在一定程度上能体现研究的要求。在这一基础上,我们对变量测度的用语进行了少量的调整,以期被企业所认同。

最后,在确定合理性的过程中,新开发量表的直接应用与成熟量表的直接应用又存在一定差别。对于新开发量表,需要进行预测试,以实现量表的纯化,即进行前测,通过探索性因子分析和信度分析删除不能合理反映测度指标的维度,而对于成熟量表,也需要进行预测试,但预测试的主要工作在于验证性因子分析,通过验证性因子分析判断原有量表在新群体中的聚合和区分效度,如果聚合和区分效度不理想,则进行进一步的探索性因子分析,以删除多余的指标。由于本书主要选用新开发量表或者基于成熟量表再开发而得到的量表,因此我们获得预测试数据之后主要进行了探索性因子分析和信度分析以获得纯化的量表,在纯化量表的基础上进行第二、三轮量表的发放,最终对纯化的量表进行验证性因子分析,并依据相应的数据分析各变量间的相互作用机制。

本书对于问卷的设计主要采用 7 分制李克特量表。通常,分级越高越有利于提升结果的准确性和量表的信度、效度,但过高的分级又会造成参与调研者本身分辨困难,因此本书采用 7 分制,而不用 5 分制或者 9 分制。由于问卷填写主要基于被访谈者的个人主观评价,因此情形量表测度的准确性和客观性可能会受到影响,从而导致结果出现偏差。本书采用以下方法来防止相关的情形发生。

第一,为避免被访谈者对信息不了解而造成的偏误,问卷对象以个体户户主为主,如果户主不在,就找在其公司工作至少 2 年的个人或者户主的配偶进行填写,并要求填写者对问卷中不能明确答案的问题向负责人进行询问。

第二,为减少由相关记忆性的问题带来的偏差,研究的问题主要涉及相关的现实运营,如果需要获取特定时段的数据,那么在时间上也限于一年之内。

第三,为减少由问卷本身私密性而导致的被访谈者不愿意回答相关问题的情形,本问卷在开头处指明问卷主要用于学术研究,内容不涉及企业或者个体的隐私,并且所获得信息也不会用于任何商业目的,同时承诺对被访谈者的相关信息进行保密。

　　第四，为避免问卷在理论和实践上的脱节，在问卷设计过程中，我们同时与理论界的学者以及企业界的工作人员进行探讨，一方面简化问卷，另一方面凝练要点，力图实现理论和现实的进一步结合，尽量排除由问卷在表达和措辞上的问题而带来的负面影响。

二、数据收集

　　数据能否有效地反映被测样本的特性将决定最终结果的有效性，因为对于不同的样本，采用的语义语境会有所不同。而数据的有效性将决定最终结果的可靠性。为研究本书的相关问题，我们的问卷发放对象主要为创业者、个体户或者小型企业的拥有者，同时对于问卷发放的区域、发放的渠道进行多种控制，尽量排除外部因素的影响。

　　在区域的选择上，为尽量减少不同地区经济发展情况带来的影响，我们将相关样本的选取控制在浙江省内，并且对浙江省内发达地区和不发达地区进行相关统计。2011 年 5 月，在台州进行了问卷的试发放，2011 年 6 月，在衢州、江山、常山、开化、杭州、义乌进行了问卷的预发放，总共发放问卷 92 份，回收有效问卷 72 份。2011 年 8 月，获得最终版本的问卷。2011 年 9 月，通过委托个人亲戚朋友进行了进一步的问卷发放。2011 年 10 月 7 日及 13—16 日，又通过招聘学生在义乌、杭州等地的专业市场进行了问卷发放，发放问卷 165 份，实际回收有效问卷 143 份。① 为研究包容性判定的基本原则，我们在 2012 年 3 月 15—18 日进行了第三轮的问卷发放，发放问卷 105 份，回收有效问卷 85 份②。在问卷发放之前，为解决问卷发放中被调查者不清楚题项意思而难以回答的问题，我们首先将问卷发放给这些问卷发放者，要求这些人员在问卷发放之前先填写一遍相应的问卷，对自己不懂的问题提出疑问，由问卷开发者进行相应的解答和描述，在问卷发放过程中，当场发放，当场收回，以保证在被访谈者遇到问题

①感谢柴柳依、孙铖、孙丽丽、姚丽清、孟伟、金颖、盛禹正等同学在问卷发放过程中提供的帮助。
②感谢柴柳依、王冷眉、徐登兰、杨丽娟、张丽佳、赵玛丽等同学在问卷发放过程中提供的帮助。

的时候能够为其解答。

在问卷发放渠道上,为提高数据的可靠性,前期主要采取实地访谈、调研的形式进行,对填写问卷的个人,给予价值 10 元左右的小礼品。由于这一样本群体相对比较特殊,因此主要到当地专业市场内发放问卷,这样可以提高问卷发放和回收的效率。同时,我们还委托了相关亲戚和朋友进行问卷发放,也尝试联系专业机构进行问卷发放,但由于发放对象比较特殊,问卷发放机构样本库中难以找到足够的合适样本,委托亲戚和朋友发放成为主要的渠道,因此问卷数受到了一定的限制。

在三轮问卷发放过程中,总共发放问卷 362 份,实际回收问卷 300 份,用作量表开发的有 72 份,用作回归统计分析的问卷有 143 份,用作分析包容性判定基本原则分析的有 85 份,具体情况如表 5-1 所示。由于采用了个体点对点的问卷发放方式,本次问卷有效回收率较高,达83.97%,因此可以忽略本次问卷发放的未答复偏差。

从回收的问卷来看,相关从业人员的从业领域主要在生产、销售相关特定产品上,包括茶叶、石头、皮革、纺织、家具饰品、竹制品、工艺品、玩具、雨具、电器等,企业性质以民营企业和个体户为主[1],大部分研究对象的企业规模相对较小,主要处于原始资本积累阶段,样本基本能够同时反映个人和企业特征,样本的基本特征如表 5-2 所示。

表 5-1　问卷发放和回收情况

发放阶段	发放数/份	回收数/份	回收率/%
第一轮发放	92	72	78.26
第二轮发放	165	143	86.67
第三轮发放	105	85	80.95
总计	362	300	82.87

---

[1]由于最初的量表设计并未做细分,所以从得到的量表来看,这些企业主体主要以最终问卷中个体户的形式存在,即在问卷题项中"企业类型"以 6 为主。

表5-2　样本特征描述

发放阶段	创业者属性	样本分类	样本数	占比/%
第一轮发放 （N=72）	经验（创业时间）	5年及以下	36	50.00
		6—10年	25	34.72
		11年及以上	11	15.27
	受教育年限	6年及以下	14	19.44
		7—12年	46	63.89
		13年及以上	12	16.67
	性别	男	32	44.44
		女	40	55.56
第二轮发放 （N=143）	经验（创业时间）	5年及以下	70	57.40
		6—10年	30	24.60
		11年及以上	22	18.00
	受教育年限	6年及以下	6	4.20
		7—12年	80	56.40
		13年及以上	56	39.40
	性别	男	62	43.40
		女	81	56.60
第三次轮放 （N=85）	经验（创业时间）	5年及以下	40	51.90
		6—10年	26	33.80
		11年及以上	11	14.30
	受教育年限	6年及以下	4	5.00
		7—12年	43	53.80
		13年及以上	33	41.20
	性别	男	40	47.10
		女	45	52.90

注：样本问卷中存在部分数据缺失。

第二节　变量测度

在变量的测度上，相对成熟的概念主要借鉴了已有研究的测度方式，并在此基础上通过文献内概念的查找以及与实地调研的相关结果结合进行进一步的处理，而对于相对比较新的概念，如包容性发展这一概念，本书主要应用了调研、半开放式问卷访谈的方式实现问卷的开发。因此，变量测度采用的方法包括新量表的开发以及基于成熟量表的再开发。

一、包容性发展

　　包容性发展的概念相对比较新,部分研究将其定义为消除贫困者权利的贫困和所面临的社会排斥,实现机会平等和公平参与,使包括贫困人口在内的所有群体都能参与经济增长并做出贡献,同时合理分享增长成果。一方面,实现包容性的关键在于制度设计上的创新,使得被排斥的社会群体能更为公平地、均等地参与发展利益的分配,从而实现静态的包容性发展;另一方面,需要不断增强被排斥社会群体和经济区域的能力,从而实现动态的包容性发展。包容性发展的概念主要体现了在包容性发展不同阶段的静态性和动态性,静态的包容性发展需要通过制度体系的设计实现,而动态的包容性发展需要通过客体主观能力的提升实现。在开发包容性量表的过程中,我们将包容性发展划分为机会包容、参与包容以及分享包容,主要考虑在实现生产的过程中,客体首先面临的问题是是否存在相应的机会,然后是考虑能否抓住相应的机会,以及能否公平地参与生产竞争过程,最后是客体是否能够在成果分享中体现其生产参与的价值。这三个连续的动态过程反映了包容性发展的整体全貌。

　　问卷的开发始于 2010 年 11 月,我们将一个半开放性的调研问卷(“能否从机会包容、参与包容和分享包容的角度来谈谈你对包容性发展的理解,限 200 字以内”)以作业的形式发给一个有 62 人上课的 MBA 班级,并要求他们在下一次上课前将他们的理解通过文档的形式返还,最终回收了 55 份半开放式问卷。在回收了问卷后,我们开始整理他们关于包容性发展的描述,将相关的描述按照机会、参与和分享三个维度进行划分。研究团队内的 4 位博士参与了协作整理,将所有直接与本书相关的题项进行了整理,进一步得到与包容性相关的题项,共获得 370 余条。在整理出所有描述的题项后,我们分析了这些条目在表达上的相似性,分析这些题项是不是通过不同的文字表达了相同的意思,进一步地整合、归纳、提炼,最终共得到 53 条相关描述,其中机会包容有 18 条,参与包容有 18 条,分享包容有 17 条。

在得到了这些题项后，我们进一步将得到的词条通过和研究团队的博士生进行讨论，并将相关量表发送给在企业上班的人员，了解各个题项表达的意思是不是合理，然后根据这些题项所表达的意思是不是符合研究对象的可能情况，以及题项是不是都能很好地表达出本身需要表达的意思，进一步对相关题项进行压缩和删减，最终得到 34 条体现包容性发展的题项（见表 5-3）。

表 5-3　包容性发展测度

维度	测度题项
机会包容	低收入者会享有更优惠的政策
	一起争取生产机会的所有人员所面临的要求是相同且被广泛认可的
	所处的生产环境是开放、自由的（自由的话语权、参与权）
	生产所需的资源是丰富的
	获得生产机会的流程和要求能够明显区分出个人的能力差异
	可以顺利获取生产所需要的资源
	所处的行业成长性很高
	能够顺利地获取生产相关的信息
参与包容	生产竞争的规则是被广泛认可的
	竞争的环境是相对透明的
	所处的行业市场秩序是公正有序的
	竞争的规则能够明显区分出人的能力差异
	在生产经营的过程中能够表达自己的感受和看法
	这种竞争制度将影响最终的产出
	生产竞争的制度是长久以来一直采用的
	生产竞争的制度不存在偏见
	生产环境是有利于发展伙伴关系的
	生产是以价值多元化为基础的
	生产竞争的制度是符合伦理道德标准的
	能够从政府机构获得必要的生产竞争的信息
	能够从供应商获得必要的生产竞争的信息
	能够从非政府机构（如行业协会）获得必要的生产竞争的信息
	在生产竞争过程中能够和政府机构自由交流
	在生产竞争过程中能够和供应商自由交流
	能和非政府机构（如行业协会）自由交流
	分配过程中规则是公平的
	公共品的供应是充足的（包括教育、卫生、电力、水利、交通基础设施、住房、人身安全等）

续表

维度	测度题项
分享包容	能够获得足够的社会福利保障支持
	在生产中投入的各种要素资源都能获得合理的产出分配（管理、技术、经济资源、知识等）
	和绩效相比，回报是合理的
	回报能够反映对经济生产所投入的精力
	回报很好地反映了贡献
	回报合理地反映了所完成的工作
	分配兼顾了不同利益群体的利益

注："公平"意味着设定的流程以及执行的流程是：第一，透明的、有弹性的、可矫正的；第二，有代表性的，不会对任何一方造成歧视或者偏袒；第三，严格按照法律、合同条文执行的。"回报"主要指个人的收入及相关物质性要素。"自由"是指在符合国家法定的政策、法律条件下不再受任何其他因素的限制。

二、交易成本

交易成本的形成可能存在多种方式，对于特定的生产环境内部的企业来讲，交易成本的形式可能多种多样，但对生产产生真正影响的那些关键性因素可能只有主要的几类因素，依据研究最初对探索性案例的分析，对交易成本形成产生最大影响的关键因素主要包括 4 类，即信息对称、气氛（信任气氛）、资产专用性以及交易频率。因此在度量交易成本的时候，可以将这 4 个因素作为工具变量来替代交易成本本身。与包容性发展不同，由于交易成本是一个相对成熟的概念，在其形成机制以及主要构成维度上基本有成熟的测度方式，因此在探索性案例的研究中可以按照特定的描述进行有效的分类，所以在案例的分析中，不仅仅是确定了主要的自变量，而且还划分了自变量的维度。当然，这也就是探索性案例的价值所在。

（一）信息对称

信息对称主要是指在市场条件下，要实现公平交易，交易双方掌握的信息必须对称。换句话说，倘若一方掌握的信息多，另一方掌握的信息少，两者不"对称"，交易做不成，或者即使做成了，也很可能是不公平交易。通常，通过可靠的合同、认证、对代理的有效监测或者信号传递的方式能够有效地减少交易双方的信息不对称。因此，按照研究的具体需要，对于信息对称度的测度方式可能存在很大的差别，如 Nayyar（1993）就是通过一个矩阵来测度熵值，从而刻画信息对称度。Nayyar（1993）要求管理者将公司 10 项最大的销售产品金额填到每列中,而在行中填入 10 个最常交易的客户所占的份额,通过计算相应熵值的方式来确定双方的信息对称度(见表 5-4)。

表 5-4　信息对称的收集(Nayyar,1993)

客户	生产部门			
	1	2	…	10
1				
2				
…				
10				

注:客户指所有购买公司服务的人员,包括政府机构、国内外企业、律师、旅游者、个体等。

　　然而,在中国,这种商业关系通常被当作商业机密,企业不可能轻易将相关内容尤其是自己的客户以及相关的市场份额公布出来,管理者很可能因保护相关的信息而不愿提供,这对于研究来讲可能会形成很大的阻碍,所以我们采用了更为直观的测度方式。按照 Vera & Crossan(2005)对于信息对称的定义,信息发送就是将信息传递给需要的人的过程。Hult et al.(2005)则从市场信息处理的迅速和有效性角度来描述信息的对称情况,认为信息对称体现为对市场中产生的信息的迅速捕捉以及产业内部迅速变化的理解。因此,基于对信息对称概念的理解以及对以往研究的借鉴,本书从是否可以有效获取相关供给和竞争对手的信息,是否可以有效获取相关产品需求的信息,是否可以获取相关生产技术、服务的信息以及是否拥有理解未来变化趋势的信息 4 个方面来测度信息对称度,具体题项如表 5-5所示。

表 5-5　信息对称的测度及其来源

测度题项	来源或依据
可以有效获取相关供给和竞争对手的信息	Vera & Crossan(2005); Hult et al.(2005); Nayyar(1993,1990)
可以有效获取相关产品的需求信息	
可以有效获取相关生产技术、服务信息	
拥有能够理解未来变化趋势的相关信息	

(二)气氛(信任气氛)

　　气氛主要体现为各个生产参与者之间的相互信任的关系。外部的气氛可以体现为紧张的、竞争性的氛围和和谐的、合作性的氛围,但事实上,这是一种状态的两个不同的方面,如果生产参与者相互信任,那么出现紧张的恶性竞争的可能就相对比较小,代之的可能是有序的、公开透明的市场竞争。因此本书在测度指标的过程中,主要通过生产参与者之间的信任关系来体现当地生产环境内部的气氛。事实上,在访谈的过程中,气氛也主要体现在相互之间的信任程度上。气氛会如何影响交易成本,这主要体现在缺乏信任的体制下,竞争者可能会为此投入不必要的精力或者监控成本,以保证交易的实施。比如如果不能完全信任原材料供应商,那么在得到原材料后,可能每次要进行相应的检测以保证质量能过关,这对于企业来讲会形成相对较高的检测成本,当然这只是一个方面。因此,气氛的测度主要通过对信任的测度来体现。

对于信任的测度,成熟的研究是相对较多的,如现有研究从订购产品的监控、相信人都是诚实讲信用的以及值得信任的等维度来测定对人信任的程度,或者从以下 4 个维度来测定外在的信任维度:①企业进入一个合作关系后,利益合作双方必定会尽自己最大的努力来保证双方利益实现;②当企业建立了一段新的关系后,仍将尽自己最大的努力去长久地维持这段关系;③我们的供应商会诚实地对待我们;④当客户需要贷款的时候他们说的都是事实。所以信任是一种基于现有关系的、纯粹的情感感知,而从信任来源的角度来看,信任可能来源于个体的能力,即信任是基于利益的,是对个体能力的肯定。因此,McAllister(1995)从个人能力的角度来测定信任的程度,如这个人非常专业和投入于他的工作;在看到这个人的记录后,我没有理由怀疑这个人的能力和其为工作所做的准备;我能够依赖这个人以减少我工作中的失误带来的困难;大多数不是他亲密朋友的人也非常信任和尊敬他,并把他当作好的合作者;相关合作者在接触到他后,也认为他是一个值得信任的人;如果人们了解了这个人的背景,那么就可能会积极地开始监测他的绩效。

基于上述的测度方式,以及以往研究关于信任的解释,本书从相互间能力的信任以及对忠诚关系的信任角度来测度信任程度,测度量表为李克特7

分制量表，具体的题项如表 5-6 所示。

表5-6　气氛的测度及其来源

测度题项	来源或依据
供应商、客户伙伴（工作人员）是值得信任的	McAllister（1995）
当公司建立起一段合作关系的时候，公司相信合作方会尽自己的最大努力来保证双方的利益	
公司即使进入到一段新的合作关系中，仍将忠诚于原有关系并使这段关系能够维持尽量长的时间	
客户或者工作人员相信他们的加入对于获得他们本身或者公司的利益是必要的	
客户和工作人员认同他们的能力同其他人员相比是不同的	
客户或者工作人员相信他们加入这一组织对于提升他们本身或贵公司利益是有用的	

（三）资产专用性

资产专用性是指在不牺牲生产价值的条件下，资产可用于不同用途和由不同使用者利用的程度。一般来说，资产专用性越高，机会主义行为造成的成本就越大，治理成本也就越高。Rindfieisch & Heide（1997）认为资产专用性包括 3 个方面：其一是人力资本，主要指那些为了提升企业人力资本、企业技术能力投入的特定资源或者学习特定设备操作的人力的耗费；其二是提供的产品和服务的专有性；其三是特定资产的专用性程度。也就是说，资产专用性是在某一特定交易之外不会投入的通用资产，并从 3 个方面进行测度：培训如何影响服务和产品绩效；企业能在多大程度上创造新的产品和服务；在国际扩张中，企业需要处理多少技术资源等。

而事实上，资产专用性体现为资源的特有性，即这种资源是一种企业所特有的，并且竞争者难以模仿或者能够为企业创造竞争优势的资源。Klein et al.（1990）通过以下指标进行测试：外部竞争者很难学习我们的做事方式；为了提升绩效，销售人员需要花很长的时间来了解客户；要真正地了解整个产品，销售人员需要花很长的时间；销售人员内部的信息、流程对竞争者非常有价值；销售这种产品需要特定的设备；需要投入巨资购买设备和配套设施以实现产品的销售。Zaheer & Venkatraman（1994）则从对于某一生产需要投入的培训、知识以及生产流程的惯例化程度来刻画资产专用性程度。Christiaanse & Venkatraman(2002)也认为,学习产品销售知识所花费的时间以及了解企业生产流程和有效生产手段所花费的时间可以体现资产的专用性程度。因此,在资产专用性的测定上,我们主要考虑学习或者建立相关关系而投入的资源特有性以及知识的不可转移性,具体的测度题项见表5-7。

表 5-7 资产专用性的测度及其来源

测度题项	来源或依据
为生产、销售这种产品,我们购买了特定的设备和渠道	
生产、销售这种产品需要特定的设施	
生产、销售这种产品需要特定的渠道	
我们花了很长时间和很多精力来建立相关的销售渠道	Rindfieisch & Heide (1997); Klein et al. (1990); Zaheer & Venkatraman (1994); Christiaanse & Venkatraman (2002)
如果同客户之间的合作关系由于某种原因而结束,那么我会因此而浪费为维持这一关系而学习的相关知识	
如果任一合作的人员转换到相关的竞争者或者其他组织中,那么为建立这种关系而进行的投入会造成很大损失	
合作双方为了建立这种关系进行了特定的投入	
如果双方组织关系在未成熟前终结,那么双方的投入都会有所损失	

（四）交易频率

交易频率体现为交易双方为实现交易而进行的直接或间接的接触。交易的实现通常为面对面实物交易,交易双方可能需要提前进行多方面磋商,以保证最终交易的顺利实现。通常由于资源分布的非集中性以及生产能力、加工能力的差异性,为获得最优的资源分配,交易方可能不能直接从本地获取到必要的资源,这样交易双方为获取彼此的信息,除了通过有限的方式实现面对面的交流之外,可能还需要通过其他类型的交流方式来实现交易。

Smith et al. (1994)在测度管理者及其高管团队正式和非正式交流的时候,采用了6个维度来测度:管理者个人在一周内和高管团队正式的面对面会议的次数;管理者个人在一周内和高管团队非正式的面对面会议的次数;管理者个人在一周内和高管团队以正式文稿交流的次数;管理者个人在一周内和高管团队以非正式文稿(个人的标注提醒)交流的次数;管理者个人在一周内和高管团队其他成员的电话谈话的次数;管理者个人在一周内和高管团队成员而非所有成员的会议次数。这里主要通过从不同交流形式的差异组合来体现交流的频率。

而事实上,交易成本正是为实现正式交易而进行相关交易准备的投入。基于此,我们构建了李克特7分制量表进行交易频率的测度,具体测试题项见表5-8。其中,1表示1次/周,4表示4次/周,7表示7次及以上/周。

表5-8　交易频率的测度及其来源

测度题项	来源或依据
同客户或工作人员面对面正式见面的次数	
同客户或工作人员以正式的书面文稿传达相关交易内容的次数	Smith et al. (1994)
同客户或工作人员以非正式的书面文稿传达相关交易内容的次数	
同客户或工作人员以电话通信形式传达相关交易内容的次数	

三、控制变量

(一)制度支持

在研究模型构建过程中,降低社会排斥可提升社会包容度,而个体能力提升以及制度支持的加强是两类推进包容性发展的重要手段。本书聚焦于交易成本,因此,这两类主要的措施被作为控制变量,以控制可能产生的变异。

简单地讲,制度支持主要体现为外在制度对个体生产生活的便利程度。由于这一指标是对现有客观环境或者制度体系的刻画,因此,差别主要来源于个体对于外部制度的感知。Li & Atuahene-Gima(2001)从个体所处的环境是不是对个体生产经营有利,相关的政府机构是不是为其提供了必要的信息和技术,政府机构是不是在企业获取必要资金的过程中起到了显著的作用以及政府机构为企业获取相关的技术许可、生产许可或者生产设备提供了必要的帮助4个维度来测量制度支持。

由于这4个维度能够很好地反映制度对于企业生产系统的支撑程度,因此本书在制度支持测度的研究中主要采用了 Li & Atuahene-Gima(2001)

的测度方法(见表5-9)。

表5-9　制度支持的测度及其来源

测度题项	来源或依据
相关的政策和项目对经营和生产是有利的	Li & Atuahene-Gima（2001）
为经营和生产提供了必要的信息和技术	
对在经营和生产中获取外部资金支持起到了显著的作用	
为生产经营获取相关的技术许可、生产许可或者设备提供了必要的帮助	

(二)个体能力

个体能力作为获取或者改变个体获取外部资源能力的重要基础,对于个体对包容性发展的感知程度必然存在一定的影响。个体传统能力包括技术能力、吸收能力、研发能力等,主要体现在两个方面,一是个人的从业经验,二是个人的教育水平。从业经验有助于个人获取在行业内部的隐性知识,长期处于某一行业内部的个人必然具有更丰富的行业背景知识,专业性知识的获取有助于其寻找潜在机会、信息。而教育水平也能体现个体能力,教育水平相对较高的个体一般会具有更强的吸收能力或者在学习能力上比较强,对新事物的接受能力比较强,因此对于技术变动环境比较大的行业的适应能力可能会更强。因此,在个体能力上,本书主要从从业经验和教育水平上进行综合体现。

(三)性别、年龄

性别和年龄作为控制变量主要考虑个体性差异。不同年龄和性别的个体对事物的接受能力以及对现实的满意度是不同的,如年轻个体由于接触社会新兴事物较多,对于现实社会的认知与年长个体会存在差别。年长个体可能更倾向于稳定的生活状态,而年轻个体可能倾向于相对激进的生活态度。同时,不同年龄、性别的个体在接触外部新兴事物的渠道上也可能存在差别,这对于个体的认知态度可能存在不同影响,如年轻个体一般比较倾向于从互联网等非正式的渠道来获得相关信息,而年长个体获得信息的渠道可能是电视或者广播,这些差别很可能带来对社会包容性的不同认知。

第三节 分析方法

在统计实证分析阶段,本书按照对数据处理的几个基础阶段的要求,首先对数据进行探索性因子分析,以确定问卷的合理性,确定问卷设计结构的合理性,删除不具有统一性的指标、维度,简化和凝练测度量表。量表通过探索性因子分析,分析各个维度是否能够聚合到理想的因子结构,然后删除那些一致性相对较低的子维度,在探索性因子分析和信度分析后,如果量表被证明是具有较高的内在一致性,再通过发放删减后的量表获得新一轮的数据,再进行探索性因子分析。由于前测已经说明量表内在一致性较高,在新一轮得到的量表中将先进行验证性因子分析,以验证在探索性因子分析中得到的量表是否具有高的内在聚合效度和区分效度。如果验证性因子分析不能很好地聚合相关因子,那么再进行新一轮的因子分析以删除一致性相对较低的指标。

一、探索性因子分析

探索性因子分析的作用主要在于寻找因子本身的结构,判断因子的结构设计是否合理,即量表的构思效度。由于本书的量表开发主要通过访谈、归纳以及对原有成熟量表的归纳整合实现,在一定程度上能够很好地反映需要研究的对象的特征,因此具有较高的内容效度。对于构思效度,我们主要通过因子分析进行验证,因子分析一方面能实现降维,另一方面也能找出因子的主体结构构成,以提升和检验量表设计的构思效度。在进行研究之前,只有那些通过了信度和效度检验的量表才能被采用,本书在量表开发过程中采用了新的测量维度,所有量表均是基于原有成熟量表的,因此,需先对量表进行探索性因子分析。探索性因子分析的各题项的因子载荷一般要求是高于0.5,本书主要采用主成分分析方法来提取因子,同时采用最大方差旋转方法对坐标轴进行旋转,以获得聚合一致性相对明显的各个子维度。

在完成探索性因子分析后,进一步分析量表的信度,即内在一致性程度,分析的目的主要是删除那些可能导致问卷设计存在缺陷的维度,即在题项—总体(item to total)相关系数(CITC)不能达到最低要求或者 Cronbach's α 系数不能达到要求的情况下,通过删除某个子维度而提升量表的内在一致性。一般来讲,题项—总体的相关系数大于 0.35,Cronbach's α 系数大于 0.70 即为通过信度检验。

探索性因子分析和信度分析主要采用 SPSS 11.5 软件。

二、验证性因子分析

验证性因子分析的目的主要在于检验量表的内在聚合效度和区分效度。检验测量变量的聚合效度与区分效度比较复杂,对整体测量模型的估计能够在一定程度上检验聚合效度和区分效度。当题项的因子载荷大于 0.7(或接近 0.7),并且测量模型具有较高的拟合性时,变量测量具有较高的聚合效度。而在检验区分效度的时候,一般需要对比两个原本不存在联系的量表在估计值被设定为 1 后,即相互关系被估计后,卡方值(χ^2)的改变程度,如果 χ^2 的改变是显著的,则说明这两个量表能够很好地相互区分。

对于得到的指标值是否能通过以及相关的测定评估是否有效一般都有相应的判断标准。首先,样本数一般需要为 100~120,以便使用最大似然法进行估计。其次,模型的聚合效度和区分效度通过一定的拟合值进行评判。一般来讲,评价指标包括 χ^2、卡方值与自由度的比值($\chi^2/$df)、近似误差均方根(root mean square error of approximation,RMSEA)、标准化残差均方根(standardized root mean square residual,SRMR)、赋范拟合指数(normed fit index,NFI)、非范拟合指数(non-normed fit index,NNFI)、比较拟合指数(comparative fit index,CFI)、拟合优度指数(goodness-of-fit index,GFI)、调整拟合优度指数(adjusted goodness-of-fit index,AGFI)、$\Delta\chi^2$ 等。

要保证量表设计的合理性,各关键指标必须具有良好的拟合优度。依据传统的研究,一般需要保证的指标主要有 χ^2/df、RMSEA、NNFI 以及 CFI,而要识别量表的区分效度主要看 $\Delta\chi^2$ 及 χ^2 的变化是否足够显著。

第一, χ^2 和 χ^2/df。一般来讲,模型要求先考察 χ^2 是不是显著,如果 χ^2 不显著,则可以不考虑 χ^2/df,如果 χ^2 显著(小于 0.05),则需要进一步考虑 χ^2/df,这是一种基于拟合函数的绝对拟合指数。一般认为,若 $\chi^2/\mathrm{df} < 10$,模型可以勉强接受;若 $2 < \chi^2/\mathrm{df} < 5$,模型可以接受;若 $\chi^2/\mathrm{df} \leqslant 2$,模型拟合得非常好。

第二,RMSEA。RMSEA 受样本容量的影响较小,是较好的绝对拟合指数。一般来讲,RMSEA 越小越好,即 RMSEA 越接近 0,则模型的拟合程度越好,说明结构越稳定。Steiger(1990)认为,若 RMSEA < 0.1,表示好的拟合;若 RMSEA < 0.05,表示拟合得非常好;若 RMSEA < 0.01,则表示拟合得非常出色(许冠南,2008)。

第三,NNFI。一般认为,若 NNFI $\geqslant$ 0.9,模型可接受;NNFI 越接近 1,表示模型拟合得越好。

第四,CFI。一般来讲,CFI 不会受到样本容量的系统影响,能比较敏感地反映误设模型的变化,是比较理想的相对拟合指数。一般要求 CFI $\geqslant$ 0.90;CFI 越接近 1,则表明模型拟合得越好。

第五, $\Delta\chi^2$。$\Delta\chi^2$ 是在原本 2 个因子的量表被聚合到 1 个因子结构上后,χ^2 的改变程度。如果 2 个组合的 χ^2 比 1 个组合的 χ^2 更小,那么 2 个因子的结构将优于 1 个因子的结构。$\Delta\chi^2$ 可说明量表的区分效度以及量表设计结构的合理性。同时,对自变量、因变量进行验证性因子分析,以分析共同方法偏差问题的严重性及其对最终分析结果的影响。

验证性因子分析和结构方程的建模主要采用 Lisrel 8.7 软件。

三、分层回归分析

除结构方程之外,本书还将使用 SPSS 11.5 和 Stata 10.0 软件自带的分层回归分析模块来进行调节效应的分析。分层回归分析能够基于变量的因果关系设定变量进入回归模型的顺序,从而直观地反映新进入变量在解释因变量方面的贡献程度。由于本书在不同变量的测定上采用了多个维度进行测度,因此本书取题项的平均值进行分析。

在做调节效应分析的时候,由于控制变量以及自变量对应的量纲存在差异,为减少这种量纲带来的影响,我们采用了标准化数据的方法进行标准化回归,回归的过程是,首先对所有的变量进行标准化,然后将自变量 Z_x 和调节变量 Z_y 相乘,得到交互项(Z_xZ_y),最后将相应的控制变量、自变量、调节变量以及调节项分 3 个模块加入模型,从而得到最终的分析模型。自变量的标准化能够确保模型中所有回归系数在自变量的取值范围内进行估计,确保回归系数具有意义。另外,标准化消除了变量之间的非本质共线性外,还能够有效消除多重共线性带来的影响。

在分析的过程中,首先可以看 R^2 变化的显著程度,可以从 F 变化显著程度来分析调节效应模型的显著程度,如果在第二模块和第三模块加入后 F 是显著的,那么调节效应是显著的,同时模型拟合也相对更优。[1]

第四节　探索性因子分析

首先,利用探索性因子分析确定量表的内容效度和表面效度。由于在研究过程中开发了新的测度方式,因此,对于各种不同的测度量表,首先需要确定对于我们的研究问题,所选中的研究对象在这样的样本分析下是不是符合测度方式。在研究数据收集方法上,一般相对比较客观的收集方式应该是收集两轮,第一轮针对新开发的问卷收集数据并做探索性因子分析,而后确定样本采用的问卷,再进行第二轮的问卷发放,收回的问卷直接进行验证性因子分析,确定相关量表的聚合效度和区分效度,然后依据相应的数据进行其他进一步的分析。

---

[1] F 值显著同时意味着调节项是显著的。

普遍认为,样本数应该为变量数的 5~10 倍,鉴于样本收集的困难以及样本的变量数,在第一轮回收了 72 份样本用于问卷量表的开发。从研究本身的角度来讲,这一样本量已经足够大。在分析的过程中,因子分析通过的基本要求对样本的 KMO 有不同的等级区分,如 KMO > 0.9,表示非常适合;0.8 < KMO ≤ 0.9,表示很适合;0.7 < KMO ≤ 0.8,表示适合;0.6 < KMO ≤ 0.7,表示很勉强;0.5 ≤ KMO ≤ 0.6,表示不太适合;KMO < 0.5,表示不适合。此外,Bartlett 统计值应显著异于 0(马庆国,2002)。

一、交易成本

本书依据第一轮调研得到的 72 份问卷对所构建的交易成本的 4 个维度、22 个测度题项进行了探索性因子分析,结果如表 5-10 所示。根据特征根大于 1、最大因子载荷大于 0.5 的要求,提取出了 5 个因子。依据其所测定的内容,将最终结果依次命名为信任气氛、交易频率、软件专用、硬件专用以及信息对称,基本符合研究本身的设定及其所测定的内容,通过了探索性因子分析的效度检验。这 5 个因子的累积解释变差为 68.781%,通过了解释方差要大于 50% 的基本要求。本书将资产专用性前 3 个题项聚合得到的维度定义为硬性专用资产,将后 5 个题项聚合的因子定义为软性专用资产。

接下来,本书对交易成本的各维度进行信度分析,结果如表 5-11 所示。所有的题项—总体相关系数均大于 0.35,且 Cronbach's α 大于 0.7。虽然研究显示,删除"专用_相关知识"的相关题项后,量表的信度能得到进一步提升,但由于本身改变的量不是很大,而且其本身和总体的相关系数均大于 0.35,因此,我们认为保留这个题项能够更大限度地表达相关信息。总的来说,交易成本各变量的题项之间具有较高的内部一致性。

综上所述,本书所确立的交易成本测度量表具有较高的效度和信度。

表 5-10 交易成本的探索性因子分析结果（N = 72）

题项	描述性统计		因子载荷				
	均值	标准差	信任气氛	交易频率	软性专用	硬性专用	信息对称
专用_购买特定的设备和渠道	4.72	1.965	−0.001	−0.028	0.177	0.777	−0.156
专用_需要有特定的设施	5.07	1.900	0.030	−0.090	0.277	0.759	0.074
专用_建立特定渠道	5.10	1.876	−0.028	−0.078	0.346	0.816	−0.011
专用_时间和精力	5.14	1.815	−0.022	−0.179	0.686	0.414	−0.077
专用_相关知识	4.11	2.155	0.042	0.074	0.696	−0.054	−0.115
专用_投入损失	4.11	1.745	−0.005	0.006	0.754	0.218	0.185
专用_特定的投入	4.54	1.933	0.068	−0.026	0.711	0.341	0.038
专用_终结形成损失	4.82	1.791	0.043	−0.015	0.778	0.204	0.051
信息_供给和竞争对手	5.74	1.100	0.086	0.090	−0.086	0.047	0.888
信息_需求	5.61	0.761	−0.063	−0.031	0.138	−0.199	0.698
信息_生产技术、服务	5.13	0.838	−0.164	−0.279	−0.001	−0.175	0.562
信息_变化趋势	5.64	1.271	0.190	−0.014	0.005	0.201	0.801
信任_值得信任	4.75	1.904	0.799	−0.001	0.015	0.111	−0.113
信任_保证双方的利益	5.29	1.682	0.882	0.055	0.039	−0.004	−0.008
信任_忠诚于原有关系	5.07	1.787	0.869	−0.042	0.061	−0.145	−0.006
信任_加入的利益	4.94	1.719	0.890	−0.071	0.004	−0.147	−0.040
信任_能力是不同的	4.53	1.565	0.701	0.035	0.022	0.120	0.135
信任_利益是有用的	4.99	1.756	0.908	−0.075	0.001	0.067	0.099
频率_正式见面的次数	3.57	2.251	−0.047	0.812	−0.133	−0.016	0.006
频率_正式的书面文稿	3.46	2.096	−0.027	0.896	0.065	−0.044	−0.075
频率_非正式的书面文稿	3.82	2.002	0.003	0.836	0.104	−0.103	−0.065
频率_电话通信形式	4.75	2.231	−0.017	0.845	−0.081	−0.047	−0.002

注：KMO = 0.689，Bartlett = 903.262，统计值显著异于 0（$p < 0.000$），探索性因子分析得到的 5 个因子的累积解释变差为 68.781%。

表5-11　交易成本的信度分析结果($N=72$)

变量题项	题项—总体相关系数	删除该题项后的信度系数	Cronbach's α
专用_购买特定的设备和渠道	0.6214	0.7977	
专用_需要有特定的设施	0.6494	0.7678	0.8168
专用_建立特定渠道	0.7402	0.6756	
专用_时间和精力	0.6721	0.7602	
专用_相关知识	0.4426	0.8351	
专用_投入损失	0.6301	0.7733	0.8155
专用_特定的投入	0.6581	0.7631	
专用_终结形成损失	0.6628	0.7633	
信息_供给和竞争对手	0.7568	0.5143	
信息_需求	0.4892	0.7006	0.7325
信息_生产技术、服务	0.3045	0.7763	
信息_变化趋势	0.6196	0.6208	
信任_值得信任	0.7197	0.9138	
信任_保证双方的利益	0.8094	0.9004	
信任_忠诚于原有关系	0.7892	0.9030	
信任_加入的利益	0.8305	0.8973	0.9200
信任_能力是不同的	0.6250	0.9237	
信任_利益是有用的	0.8668	0.8920	
频率_正式见面的次数	0.6596	0.8569	
频率_正式的书面文稿	0.8008	0.7988	0.8697
频率_以非正式的书面文稿	0.7110	0.8357	
频率_电话通信形式	0.7158	0.8333	

二、包容性发展

（一）机会包容

本书开发了包容性测度量表,这是本书最重要的贡献和创新点之一,从机会包容、参与包容以及分享包容 3 个子维度,测度包容性感知,下面针对机会包容所构建的量表进行第一轮探索性因子分析。表 5-12 表明,KMO 为 0.783,Bartlett 为 225.229,统计值显著异于 0。依据机会包容所构建的 8 个测度题项进行的探索性因子分析,我们提取出了 3 个因子,虽然 8 个题项的最大因子载荷均大于 0.5,探索性因子分析的解释变差也达到了 74.702%,

表5-12 机会包容的第一轮探索性因子分析结果（N=72）

题项	描述性统计		因子载荷		
	均值	标准差	1	2	3
机会包容_政策支持	4.29	1.780	0.048	0.007	0.874
机会包容_广泛认可	4.61	1.579	0.346	0.380	0.642
机会包容_开放自由	5.04	1.707	0.159	0.879	0.005
机会包容_资源丰富	4.92	1.676	0.673	0.513	-0.111
机会包容_区分个人的能力	4.53	1.384	0.114	0.720	0.401
机会包容_顺利获取	4.78	1.494	0.575	0.428	0.410
机会包容_成长性	4.67	1.744	0.884	0.140	0.086
机会包容_生产相关的信息	4.64	1.647	0.864	0.032	0.276

注：KMO=0.783，Bartlett=225.229，统计值显著异于0（$p<0.000$），探索性因子分析得到的3个因子的累积解释变差为74.702%。

但量表与最初设定还是存在很大差距，并未聚合到1个因子中，尤其是针对同一概念的描述未能很好地聚合。因此依据每个因子的解释程度，删除解释度较小的因子（因子3），即"机会包容_政策支持"以及"机会包容_广泛认可"，然后进行第二轮探索性因子分析，得到的结果见表5-13。由表5-13可知，机会包容的6个题项聚合出了2个因子，其中KMO为0.751，累积解释变差为71.798%。在这样的情况下，所有的题项并未有效聚合到1个因子中，并且"机会包容_开放自由""机会包容_区分个人的能力"所表达的内容并不能有效综合，因此，有必要进一步提纯量表。依据这2个题项所表达的意思，我们进一步删除"机会包容_区分个人的能力"题项（"机会包容_开放自由"表达外部环境的自由情况，和因子1所表达的内容基本一致，而"机会包容_区分个人的能力"主要表现机会参与流程的筛选功能），并对剩余的5个题项再次进行因子分析，得到的结果如表5-14所示。其中，KMO为0.731，Bartlett为141.813，统计值显著异于0（$p<0.000$），因子的累积解释变差为58.959%。剩余的5个题项通过了探索性因子分析的效度检验。

机会包容的信度分析结果如表5-15所示，所有的题项—总体相关系数均大于0.35，且Cronbach's α 大于0.7。可见，机会包容开发的题项之间具有较高的内部一致性。

表5-13　机会包容的第二轮探索性因子分析结果($N=72$)

题项	描述性统计		因子载荷	
	均值	标准差	1	2
机会包容_开放自由	5.04	1.707	0.144	0.858
机会包容_资源丰富	4.92	1.676	0.633	0.455
机会包容_区分个人的能力	4.53	1.384	0.176	0.808
机会包容_顺利获取	4.78	1.494	0.631	0.489
机会包容_成长性	4.67	1.744	0.884	0.139
机会包容_生产相关的信息	4.64	1.647	0.902	0.088

注:KMO$=0.751$,Bartlett$=171.413$,统计值显著异于0($p<0.000$),探索性因子分析得到的2个因子的累积解释变差为71.798%。

表5-14　机会包容的第三轮探索性因子分析结果($N=72$)

题项	描述性统计		因子载荷
	均值	标准差	
机会包容_开放自由	5.04	1.707	0.590
机会包容_资源丰富	4.92	1.676	0.793
机会包容_顺利获取	4.78	1.494	0.789
机会包容_成长性	4.67	1.744	0.840
机会包容_生产相关的信息	4.64	1.647	0.801

注:KMO$=0.731$,Bartlett$=141.813$,统计值显著异于0($p<0.000$),探索性因子分析得到的1个因子的累积解释变差为58.959%。

表5-15　机会包容的信度分析结果($N=72$)

变量题项	题项-总体相关系数	删除该题项后的信度系数	Cronbach's α
机会包容_开放自由	0.4337	0.8367	
机会包容_资源丰富	0.6633	0.7694	
机会包容_顺利获取	0.6499	0.7761	0.8218
机会包容_成长性	0.7025	0.7565	
机会包容_生产相关的信息	0.6327	0.7788	

综上,本书所开发的机会包容测度量表基本确定,并且从因子分析的结果来看具有较高的效度和信度。

（二）参与包容

参与包容的第一轮探索性因子分析结果如表5-16所示。由表5-16可知,KMO为0.719,Bartlett为577.264,统计值显著异于0。依据参与包容所构建的17个测度题项进行的探索性因子分析结果,我们提取出了5个因

表5-16 参与包容的第一轮探索性因子分析结果(N=72)

题项	描述性统计		因子载荷				
	均值	标准差	1	2	3	4	5
参与包容_规则认可	4.99	1.652	0.114	0.071	0.777	0.165	0.256
参与包容_环境透明	4.85	1.636	0.143	-0.033	0.777	0.335	0.163
参与包容_公正有序	4.83	1.647	0.229	0.035	0.806	-0.032	0.049
参与包容_规则能区分能力	4.93	1.759	0.595	0.022	0.001	0.233	0.312
参与包容_表达感受和看法	4.93	1.467	0.762	0.265	0.215	0.142	-0.036
参与包容_制度影响产出	4.72	1.623	0.765	0.103	0.123	0.046	0.206
参与包容_一直采用	4.89	1.626	0.550	0.280	0.431	0.250	-0.084
参与包容_不存在偏见	4.10	1.814	0.563	0.003	0.356	-0.010	0.252
参与包容_发展伙伴关系	4.94	1.492	0.426	-0.063	0.125	0.515	0.457
参与包容_价值多元化	4.87	1.393	0.300	0.300	0.160	0.496	0.341
参与包容_符合伦理道德	5.00	1.648	0.191	0.048	0.279	-0.004	0.801
参与包容_政府机构信息	3.97	1.797	0.119	0.718	0.185	-0.422	0.250
参与包容_供应商信息	4.37	1.884	0.195	0.380	0.146	0.289	0.548
参与包容_非政府机构信息	4.00	1.805	0.112	0.774	-0.006	0.240	0.347
参与包容_政府交流	3.55	1.803	0.062	0.798	-0.022	0.095	-0.080
参与包容_供应商交流	4.97	1.707	0.103	0.109	0.302	0.816	0.093
参与包容_非政府机构交流	4.23	1.884	0.379	0.594	0.030	0.510	-0.159

注:KMO=0.719,Bartlett=577.264,统计值显著异于0($p<0.000$),探索性因子分析得到的5个因子的累积解释变差为68.342%。

子,虽然其中16个题项的最大因子载荷均在0.5以上,探索性因子分析的累积解释变差也达到了65.323%,但量表和本身研究最初设定维度还存在很大差距,并未有效聚合到所设定的几个因子中,尤其是针对同一概念的描述仍未能很好地聚合。因此,依据每个因子本身所解释的程度,删除了解释度较小的因子(因子5),即"参与包容_符合伦理道德""参与包容_供应商信息"等,然后进行第二轮的探索性因子分析,得到的结果如表5-17所示。由表5-17可知,参与包容的15个题项聚合出了4个因子,其中KMO为0.679,累计解释变差为65.323%。在这样的情况下,由于量表本身的设定同因子分析的聚合结果仍存在差别,同时在量表中用于测定同一概念的题项也并未能有效聚合到1个因子中,因此,有必要进一步提纯量表。我们进一步删除解释度最小的因子4,即"参与包容_发展伙伴关系""参与包容_价值多元化""参与包容_供应商交流"3个题项。由于"参与包容_非政府机构交流"聚合到了因子3中,因此为提升总体的解释度,保留该题项。随后,我们针对

表 5-17　参与包容的第二轮探索性因子分析结果($N=72$)

题项	描述性统计		因子载荷			
	均值	标准差	1	2	3	4
参与包容_规则认可	4.99	1.652	0.136	0.800	0.089	0.202
参与包容_环境透明	4.85	1.636	0.168	0.794	-0.044	0.318
参与包容_公正有序	4.83	1.647	0.204	0.791	0.050	-0.003
参与包容_规则能区分能力	4.93	1.759	0.621	0.025	0.060	0.312
参与包容_表达感受和看法	4.93	1.467	0.673	0.170	0.284	0.204
参与包容_制度影响产出	4.72	1.623	0.816	0.145	0.110	0.050
参与包容_一直采用	4.89	1.626	0.471	0.401	0.288	0.271
参与包容_不存在偏见	4.10	1.814	0.637	0.398	0.023	-0.007
参与包容_发展伙伴关系	4.94	1.492	0.476	0.181	-0.023	0.592
参与包容_价值多元化	4.87	1.393	0.320	0.213	0.334	0.560
参与包容_政府机构信息	3.97	1.797	0.171	0.223	0.744	-0.381
参与包容_非政府机构信息	4.00	1.805	0.153	0.042	0.775	0.273
参与包容_政府交流	3.55	1.803	0.011	-0.042	0.806	0.104
参与包容_供应商交流	4.97	1.707	0.079	0.307	0.090	0.802
参与包容_非政府机构交流	4.23	1.884	0.274	-0.012	0.587	0.519

注:KMO = 0.697,Bartlett = 484.145,统计值显著异于 0($p<0.000$),探索性因子分析得到的 4 个因子的累积解释变差为 65.323%。

删除后的量表进行了第三轮探索性因子分析,得到的结果如表 5-18 所示。其中 KMO 为 0.673,Bartlett 为 340.222,统计值显著异于 0($p<0.000$),探索性因子分析得到的 3 个因子的累积解释变差为 61.988%,但在最初的设定中,因子 1 和因子 2 都主要表达外部竞争规则的公平性、包容性,却未能有效聚合到 1 个因子中,因此,需要进一步提纯,并保留解释力相对较强的因子。我们删除"参与包容_规则能区分能力""参与包容_表达感受和看法""参与包容_制度影响产出"3 个题项,由于"参与包容_非政府机构交流"聚合到了因子 3 中,同时其所表达的内容主要体现外部交互的测定,因此保留该题项,进行第四轮探索性因子分析,得到的结果如表 5-19 所示。其中 KMO 为 0.725,Bartlett 为 166.239,统计值显著异于 0($p<0.000$),探索性因子分析得到的 2 个因子的累积解释变差为 60.450%,并且能很好地表达本身的概念,本书将其分别归纳为规则包容以及交互包容。这样,剩余的 8 个题项就通过了对参与包容的探索性因子分析的效度检验。将前 4 个题项聚合的因子定义为参与规则,将后 4 个题项聚合的因子定义为参与交互。

表 5-18 参与包容的第三轮探索性因子分析结果(N = 72)

题项	描述性统计		因子载荷		
	均值	标准差	1	2	3
参与包容_规则认可	4.99	1.652	0.806	0.130	0.097
参与包容_环境透明	4.85	1.636	0.815	0.206	−0.020
参与包容_公正有序	4.83	1.647	0.801	0.105	0.057
参与包容_规则能区分能力	4.93	1.759	0.104	0.754	−0.004
参与包容_表达感受和看法	4.93	1.467	0.247	0.741	0.225
参与包容_制度影响产出	4.72	1.623	0.268	0.709	0.084
参与包容_一直采用	4.89	1.626	0.475	0.474	0.278
参与包容_不存在偏见	4.10	1.814	0.508	0.417	0.042
参与包容_政府机构信息	3.97	1.797	0.212	−0.041	0.742
参与包容_非政府机构信息	4.00	1.805	0.055	0.274	0.770
参与包容_政府交流	3.55	1.803	−0.062	0.101	0.830
参与包容_非政府机构交流	4.23	1.884	0.006	0.600	0.535

注:KMO = 0.673,Bartlett = 340.222,统计值显著异于0($p < 0.000$),探索性因子分析得到的3个因子的累积解释变差为61.988%。

表 5-19 参与包容的第四轮探索性因子分析结果(N = 72)

题项	描述性统计		因子载荷	
	均值	标准差	参与规则	参与交互
参与规则_规则认可	4.99	1.652	0.812	0.100
参与规则_环境透明	4.85	1.636	0.863	0.036
参与规则_公正有序	4.83	1.647	0.793	0.037
参与规则_不存在偏见	4.10	1.814	0.616	0.176
参与交互_政府信息	3.97	1.797	0.127	0.662
参与交互_非政府信息	4.00	1.805	0.106	0.826
参与交互_政府交流	3.55	1.803	−0.063	0.832
参与交互_非政府交流	4.23	1.884	0.176	0.710

注:KMO = 0.725,Bartlett = 166.239,统计值显著异于0($p < 0.000$),探索性因子分析得到的2个因子的累积解释变差为60.450%。

参与包容的信度分析结果如表 5-20 所示,所有的题项—总体相关系数均大于0.35,且 Cronbach's α 大于0.7。可见,参与包容开发的题项之间具有较高的内部一致性。

综上,本书所开发的参与包容测度量表基本确定,并且从因子分析、信度分析的结果来看具有较好的效度和信度。

表 5-20　参与包容的信度分析结果($N=72$)

变量题项	题项－总体相关系数	删除读题项后的信度系数	Cronbach's α
参与规则_规则认可	0.6203	0.7078	
参与规则_环境透明	0.6924	0.6706	0.7796
参与规则_公正有序	0.5988	0.7189	
参与规则_不存在偏见	0.4459	0.8013	
参与交互_政府信息	0.4492	0.7628	
参与交互_非政府信息	0.6651	0.6478	0.7618
参与交互_政府交流	0.6258	0.6700	
参与交互_非政府交流	0.5123	0.7324	

(三)分享包容

类似地,我们进一步对分享包容测度量表进行第一轮探索性因子分析。表 5-21 表明,因子分析的 9 个基本题项聚合到了 2 个因子中,累积解释变差为 66.792%,且 KMO 为 0.813,Bartlett 为 367.630,统计值显著异于 0($p<0.000$),虽然 9 个题项的最大因子荷载均在 0.5 以上,但量表与最初设定仍存在很大差距,并未聚合到 1 个因子中,同时依据所选择的样本,由于个体户或者民营业主需自身购买社会福利保障,且很少涉及社会本身的二次分配,这种体现最直接的是他们自身投入的回报,事实上他们也更加关注本身的投入带来的直接回报,而并非来自政府等公共机构的社会福利保障。交易成本改变的价值主要体现在社会生产交易上,即实现交易系统内部个体收益的提升,而并非社会公共品的直接体现。[①] 基于这样的背景设定,同时依据每个因子本身所解释的程度,我们进一步删除了解释度较小的因子(因子 2),并对删除后得到的题项做第二轮探索性因子分析,得到的结果如表 5-22 所示。其中 KMO 为 0.743,Bartlett 为 235.917,统计值显著异于 0($p<0.000$),探索性因子分析得到的 1 个因子的累积解释变差为 70.473%,说明剩余的 5 个题项具有较高的效度。

---

①笔者认为,研究量表设定的关键在于符合研究问题及其本身所研究的对象,依据其所设定的变量间的逻辑关系,寻找相应的数据支撑来确定最终量表显得相对合理。

表5-21 分享包容的第一轮探索性因子分析结果($N=72$)

题项	描述性统计		因子载荷	
	均值	标准差	1	2
分享包容_分配规则	4.39	1.843	0.445	0.685
分享包容_公共品的供应	4.58	1.536	0.165	0.753
分享包容_社会福利保障	3.92	1.867	0.352	0.561
分享包容_要素分配	4.36	1.730	0.153	0.843
分享包容_绩效回报	4.61	1.615	0.684	0.377
分享包容_回报精力	4.72	1.540	0.773	0.347
分享包容_回报贡献	4.60	1.709	0.880	0.223
分享包容_回报工作	4.69	1.571	0.906	0.108
分享包容_分配兼顾利益	4.19	1.526	0.684	0.351

注:KMO=0.813,Bartlett=367.630,统计值显著异于0($p<0.000$),探索性因子分析得到的2个因子的累积解释变差为66.792%。

表5-22 分享包容的第二轮探索性因子分析结果($N=72$)

题项	描述性统计		因子载荷
	均值	标准差	
分享包容_绩效回报	4.61	1.615	0.798
分享包容_回报精力	4.72	1.540	0.865
分享包容_回报贡献	4.60	1.709	0.896
分享包容_回报工作	4.69	1.571	0.870
分享包容_分配兼顾利益	4.19	1.526	0.760

注:KMO=0.743,Bartlett=235.917,统计值显著异于0($p<0.000$),探索性因子分析得到的1个因子的解释变差为70.473%。

　　分享包容的信度分析结果如表5-23所示,所有的题项—总体相关系数均大于0.35,且Cronbach's α大于0.7。可见,分享包容开发的题项之间具有较高的内部一致性。

　　综上,本书所开发的分享包容测度量表基本确定,并且从最终因子分析、信度分析的结果来看具有较高的效度和信度。

表5-23 分享包容的信度分析结果($N=72$)

变量题项	题项-总体相关系数	删除该题项后的信度系数	Cronbach's α
分享包容_绩效回报	0.6855	0.8836	
分享包容_回报精力	0.7790	0.8631	
分享包容_回报贡献	0.8208	0.8524	0.8941
分享包容_回报工作	0.7829	0.8619	
分享包容_分配兼顾利益	0.6400	0.8926	

三、制度支持

制度支持的探索性因子分析的结果(见表 5-24)显示,KMO 为 0.809,Bartlett 为 142.138,统计值显著异于 0($p<0.000$),探索性因子分析得到的 1 个因子的解释变差为 72.589%,并且所有题项的因子载荷均在 0.7 以上,通过了探索性因子分析的效度检验。

表 5-24 制度支持的探索性因子分析结果($N=72$)

题项	描述性统计		因子载荷
	均值	标准差	
制度_政策和项目	4.57	1.927	0.810
制度_信息和技术	4.33	1.808	0.895
制度_资金支持	4.21	1.868	0.870
制度_获取许可	4.25	1.934	0.830

注:KMO=0.809,Bartlett=142.138,统计值显著异于 0($p<0.000$),探索性因子分析得到的 1 个因子的解释变差为 72.589%。

制度支持的信度分析结果如表 5-25 所示,所有的题项—总体相关系数均大于 0.35,且 Cronbach's α 大于 0.7。可见,制度支持各变量的题项之间具有较高的内部一致性。

综上,本书所确立的制度支持测度量表具有较高的效度和信度。

表 5-25 制度支持的信度分析结果($N=72$)

变量题项	题项-总体相关系数	删除该题项后的信度系数	Cronbach's α
制度_政策和项目	0.6681	0.8603	
制度_信息和技术	0.7959	0.8103	0.8735
制度_资金支持	0.7563	0.8249	
制度_获取许可	0.6931	0.8505	

四、包容性判定的基本原则

包容性发展测度量表为包容性测度提供了有效的方法,为进一步梳理包容性判定的基本原则,本书基于 Greenberg(1986)的研究,通过分析最终的量表,归纳出关于包容性判定的基本原则:竞争参与的自由性、机会的充裕性、规则的一致无偏性、规则的道德伦理性、规则的可更改性、分享结果的价值体现性、分享的利益兼顾性,未说明相关判定规则的有效性和内部一致性。

我们于 2012 年 3 月 15—18 日到义乌小商品城发放了第三轮问卷,并依据收集到的数据,对样本做了因子分析以说明归纳的相应规则的内在一致性和解释能力,结果如表 5-26 所示。其中 KMO 为 0.853,Bartlett 为 423.298,统计值显著异于 0($p<0.000$),探索性因子分析得到的 1 个因子的解释变差为 67.533%,同时所有因子载荷都大于 0.7,说明包容性判定的基本规则具有相对较好的解释力,并且具有很高的内部一致性,这些基本原则的提出将有助于包容性社会建立过程中对相关政策的启示。

表 5-26 包容性判定的基本原则($N=85$)

题项	描述性统计		因子载荷
	均值	标准差	
竞争自由性	5.60	1.407	0.705
机会充裕性	5.60	1.512	0.868
规则一致无偏性	5.36	1.511	0.843
规则道德伦理性	5.48	1.601	0.882
规则灵活性	5.53	1.342	0.801
价值体现性	5.54	1.359	0.814
兼顾利益性	5.59	1.294	0.827

注:KMO=0.853,Bartlett=423.298,统计值显著异于 0($p<0.000$),探索性因子分析得到的 1 个因子的解释变差为 67.533%。

表 5-27 包容性判定的基本原则($N=85$)

变量题项	题项-总体相关系数	删除该题项后的信度系数	Cronbach's α
竞争自由性	0.6190	0.9194	
机会充裕性	0.8162	0.8994	
规则一致无偏性	0.7754	0.9038	
规则道德伦理性	0.8271	0.8982	0.9189
规则灵活性	0.7255	0.9090	
价值体现性	0.7354	0.9080	
兼顾利益性	0.7532	0.9067	

第五节 验证性因子分析

在本书所构建的量表通过了探索性因子分析之后,我们于 2011 年 10 月

7—15 日进行了第二轮的问卷发放，最终回收的可用作分析的问卷为 143 份（非平衡）。为研究所测变量是否与先前的研究构思相符，分析相关量表的聚合效度和区分效度，我们对所收集的数据进行了验证性因子分析。

一、交易成本

首先，我们对交易成本的资产专用性、信息对称、信任气氛以及交易频率等各个维度的第二轮数据进行了信度分析，结果如表 5-28 所示，各变量指标均满足信度指标要求，通过了信度检验，说明变量测度的一致性良好。

表 5-28　交易成本的信度分析结果（$N=143$）（非平衡）

变量题项	均值	标准差	题项－总体相关系数	删除该题项后的信度系数	Cronbach's α
硬性专用_购买特定的设备和渠道	4.55	1.882	0.5480	0.6961	
硬性专用_需要有特定的设施	4.75	1.943	0.6173	0.6147	0.7485
硬性专用_建立特定渠道	4.87	1.838	0.5631	0.6792	
软性专用_时间和精力	5.01	1.806	0.5737	0.6951	
软性专用_相关知识	3.72	1.984	0.3655	0.7728	
软性专用_投入损失	4.06	1.787	0.5695	0.6969	0.7566
软性专用_特定的投入	4.35	1.767	0.5857	0.6914	
软性专用_终结形成损失	4.48	1.821	0.5450	0.7054	
信息_供给和竞争对手	4.25	1.804	0.4956	0.7312	
信息_需求	4.99	1.644	0.7204	0.6019	0.7547
信息_生产技术、服务	4.79	1.671	0.5784	0.6824	
信息_变化趋势	4.73	1.597	0.4297	0.7589	
信任_值得信任	5.13	1.560	0.5215	0.7735	
信任_保证双方的利益	5.48	1.433	0.6317	0.7465	
信任_忠诚于原有关系	5.66	1.404	0.5628	0.7630	0.7968
信任_加入的利益	5.26	1.462	0.5362	0.7690	
信任_能力是不同的	4.75	1.460	0.5052	0.7762	
信任_利益是有用的	5.32	1.375	0.5525	0.7655	
频率_正式见面的次数	3.57	2.138	0.4608	0.7725	
频率_正式的书面文稿	3.66	2.113	0.6614	0.6685	0.7708
频率_非正式的书面文稿	3.97	2.156	0.6729	0.6609	
频率_电话通信形式	4.57	2.196	0.5065	0.7508	

　　接着,我们对交易成本的各个维度分别进行了验证性因子分析,最终的拟合结果如表5-29所示。由表5-29可知,资产专用性在二维划分下的χ^2/df为1.455,CFI和NNFI都大于0.9,且RMSEA为0.057,而在未约束的情况下χ^2/df为2.751,存在显著的提升,CFI和NNFI分别为0.95、0.93,存在一定的下降,同时各个维度的测量指标系数均在0.000的水平上显著,说明研究量表设定的二维量表具有更高的区分效度和聚合效度,这说明本书所设定的量表是合理的。

　　类似地,对信息对称的分析表明χ^2/df为0.860,CFI和NNFI达到1.0,RMSEA为0.000,显著小于0.1,同时各个测量指标系数均在0.000的显著性程度上显著,说明信息对称的各测量维度具有良好的聚合效度,本书所使用的量表是有效的。

　　对信任气氛的分析表明,RMSEA达到0.144,高于0.1,但χ^2/df为3.91,小于5,CFI和NNFI分别为0.93和0.88,同时各个测量指标系数均在0.000的显著性程度上显著,本书仍然认为研究所利用的测量量表是可以反映信任气氛这一概念的,因此量表仍然是有效的。

　　对交易频率的分析表明,RMSEA达到0.206,但χ^2/df为7,小于10,而CFI和NNFI分别为0.94和0.82,同时各个测量指标系数均在0.000的显著性程度上显著。因此,本书仍然认为这一量表具有合理的聚合效度,仍然适用于最终的分析。

　　同时,本书还进一步分析了交易成本测度量表的聚合效度和区分效度,发现当包容性量表被划分为本书所设定的5个维度(其中资产专用性2个维度)的时候,具有最好的拟合效果,其中χ^2/df为1.719,RMSEA为0.071,比其他几类的划分模式具有更低的参数值(包括χ^2等),而CFI以及NNFI都显著高于其他几类划分模式,这说明本书所设定的五维划分是较为合理的,在这样的情况下,聚合效度和区分效度都能达到最高。

表5-29　交易成本测试量表拟合程度分析结果($N=143$)(非平衡)

维度	变量题项	全模型		独立模型		p
		估计值	t	估计值	t	
资产专用性①	硬性专用_购买特定的设备和渠道	0.59	6.94	0.59	6.92	0.000
	硬性专用_需要有特定的设施	0.72	8.82	0.72	8.71	0.000
	硬性专用_建立特定渠道	0.78	9.76	0.78	9.69	0.000
	软性专用_时间和精力	0.77	9.91	0.75	9.41	0.000
	软性专用_相关知识	0.38	4.27	0.40	4.44	0.000
	软性专用_投入损失	0.62	7.52	0.63	7.62	0.000
	软性专用_特定的投入	0.70	8.74	0.69	8.53	0.000
	软性专用_终结形成损失	0.62	7.50	0.63	7.58	0.000
信息对称②	信息_供给和竞争对手	0.56	6.80	0.53	6.34	0.000
	信息_需求	0.90	12.46	0.93	11.66	0.000
	信息_生产技术、服务	0.71	9.06	0.71	8.6	0.000
	信息_变化趋势	0.52	6.19	0.49	5.75	0.000
信任气氛③	信任_值得信任	0.62	7.44	0.61	7.19	0.000
	信任_保证双方的利益	0.76	9.67	0.76	9.51	0.000
	信任_忠诚于原有关系	0.69	8.53	0.69	8.39	0.000
	信任_加入的利益	0.56	6.58	0.59	6.96	0.000
	信任_能力是不同的	0.55	6.42	0.55	6.33	0.000
	信任_利益是有用的	0.58	6.94	0.58	6.74	0.000
交易频率④	频率_正式见面的次数	0.52	6.06	0.53	6.13	0.000
	频率_正式的书面文稿	0.75	9.24	0.76	9.28	0.000
	频率_非正式的书面文稿	0.84	10.38	0.82	10.19	0.000
	频率_电话通信形式	0.63	7.47	0.62	7.43	0.000

注:数据分析采用了 Lisrel 8.7 软件,相关系数矩阵采用 Stata 10.0 软件的 corr 命令获得。①在约束情况下,$\chi^2=27.64$,$df=19$,$\chi^2/df=1.455$,$CFI=0.98$,$NNFI=0.97$,$RMSEA=0.057$;在未约束情况下,$\chi^2=54.63$,$df=20$,$\chi^2/df=2.751$,$CFI=0.95$,$NNFI=0.93$,$RMSEA=0.111$。②$\chi^2=1.72$,$df=2$,$\chi^2/df=0.86$,$CFI=1.00$,$NNFI=1.00$,$RMSEA=0.000$。③$\chi^2=35.19$,$df=9$,$\chi^2/df=3.91$,$CFI=0.93$,$NNFI=0.88$,$RMSEA=0.144$。④$\chi^2=14.00$,$df=2$,$\chi^2/df=7.00$,$CFI=0.94$,$NNFI=0.82$,$RMSEA=0.206$。

　　每组量表下方的指标参数由独立模型验证性因子分析得到。对于约束和未约束模型,$\Delta\chi^2$ 都显著增大,这说明整体模型相关维度之间的划分是合理的,同时共同方法偏差的影响不显著。

二、包容性发展

　　我们对机会包容、参与包容以及分享包容的回收数据进行了信度分析,结果如表 5-30 所示,各变量指标均满足信度指标要求,通过了信度检验,说明变量测度的一致性良好。

表 5-30　包容性发展的信度分析结果($N = 143$)(非平衡)

变量题项	均值	标准差	题项－总体相关系数	删除该题项后的信度系数	Cronbach's α
机会包容_开放自由	5.15	1.594	0.4009	0.8168	
机会包容_资源丰富	4.96	1.609	0.6748	0.7304	
机会包容_顺利获取	4.73	1.419	0.6381	0.7462	0.7996
机会包容_成长性	4.62	1.636	0.5667	0.7665	
机会包容_生产相关的信息	4.75	1.540	0.6511	0.7394	
参与规则包容_规则认可	5.08	1.536	0.5705	0.6690	
参与规则包容_环境透明	4.95	1.603	0.6133	0.6428	
参与规则包容_公正有序	4.92	1.590	0.5704	0.6684	0.7445
参与规则包容_不存在偏见	4.21	1.729	0.4153	0.7593	
参与交互包容_政府信息	4.02	1.784	0.5144	0.7316	
参与交互包容_非政府信息	4.17	1.680	0.6441	0.6619	
参与交互包容_政府交流	3.75	1.722	0.6391	0.6635	0.7622
参与交互包容_非政府交流	4.36	1.778	0.4580	0.7609	
分享包容_绩效回报	4.72	1.625	0.6381	0.8517	
分享包容_回报精力	4.75	1.603	0.7637	0.8200	
分享包容_回报贡献	4.66	1.619	0.7606	0.8206	0.8669
分享包容_回报工作	4.88	1.629	0.7910	0.8125	
分享包容_分配兼顾利益	4.59	1.526	0.5023	0.8816	

接着,我们对包容性发展的各个维度分别进行了验证性因子分析,最终的拟合结果如表 5-31 所示。对机会包容的分析表明,χ^2/df 为 5.078,小于 10,CFI 和 NNFI 分别为 0.93 和 0.85,RMSEA 为 0.169,大于 0.1,同时各测量指标系数均在 0.000 的显著性程度上显著,因此本书认为机会包容具有相对良好的聚合效度,量表能够反映出这一基本概念的内容,适用于进一步的分析。

对参与包容的分析表明,在二维划分下 χ^2/df 为 1.392,CFI 和 NNFI 都大于 0.9,且 RMSEA 为 0.053,而在未约束情况下,χ^2/df 为 7.764,存在显著的提升,而 CFI 和 NNFI 分别为 0.73、0.62,存在显著的下降,同时各测量指标系数均在 0.000 的显著性程度上显著,说明研究量表设定的二维量表具有更高的区分效度和聚合效度,本书为参与包容所设定的测度量表是合理有效的。

对分享包容的分析表明,RMSEA 为 0.166,大于 0.1,χ^2/df 为 4.912,

小于5,CFI 和 NNFI 分别为 0.95 和 0.90,同时各测量指标系数均在 0.000
的显著性程度上显著,本书认为研究所采用的测度量表是可以反映分享
包容这一概念的,本书设定的量表仍然是有效的。

    同时,我们还进一步分析了包容性发展测度量表的聚合效度和区分效
度,发现当包容性量表被划分为本书所设定的 4 个维度的时候,具有最好的
拟合效果,其中 χ^2/df 为 2.219,RMSEA 为 0.093,比其他几类的划分模式具
有更小的参数值(包括 χ^2 等),而 CFI 和 NNFI 都显著大于其他几类划分模
式,这说明本书所设定的四维划分较为合理,聚合效度和区分效度都能达到
最高。

表5-31 包容性发展测度量表拟合程度分析结果($N = 142$)

维度	变量	全模型		独立模型		p
		估计值	t	计值	t	
机会包容[1]	机会包容_开放自由	0.48	5.71	0.42	4.84	0.000
	机会包容_资源丰富	0.69	8.95	0.70	8.81	0.000
	机会包容_顺利获取	0.74	9.82	0.74	9.49	0.000
	机会包容_成长性	0.64	7.79	0.68	8.39	0.000
	机会包容_生产相关的信息	0.82	11.20	0.80	10.47	0.000
参与包容[2]	参与规则包容_规则认可	0.79	10.27	0.72	8.47	0.000
	参与规则包容_环境透明	0.65	7.91	0.76	8.99	0.000
	参与规则包容_公正有序	0.66	8.16	0.67	7.88	0.000
	参与规则包容_不存在偏见	0.50	5.86	0.49	5.49	0.000
	参与交互包容_政府机构信息	0.63	7.48	0.63	7.44	0.000
	参与交互包容_非政府机构信息	0.76	9.32	0.77	9.32	0.000
	参与交互包容_政府交流	0.75	9.10	0.74	8.84	0.000
	参与交互包容_非政府机构交流	0.55	6.37	0.56	6.40	0.000
分享包容[3]	分享包容_绩效回报	0.67	8.79	0.65	8.39	0.000
	分享包容_回报精力	0.81	11.50	0.81	11.36	0.000
	分享包容_回报贡献	0.89	13.10	0.86	12.44	0.000
	分享包容_回报工作	0.90	13.54	0.90	13.23	0.000
	分享包容_分配兼顾利益	0.54	6.76	0.53	6.53	0.000

    注:数据分析采用了 Lisrel 8.7 软件,相关系数矩阵采用 Stata 10.0 软件的 corr 命令获得。
[1] $\chi^2 = 25.39$,df $= 5$ $\chi^2/df = 5.078$,CFI $= 0.93$,NNFI $= 6.85$,RMSEA $= 0.169$。[2]在约束情况
下, $\chi^2 = 26.44$,df $= 19$ $\chi^2/df = 1.392$,CFI $= 0.98$,NNFI $= 0.97$,RMSEA $= 0.053$;在未约束情况
下 $\chi^2 = 155.28$,df $= 20$, $\chi^2/df = 7.764$,CFI $= 0.73$,NNFI $= 0.62$,RMSEA $= 0.219$。[3] $\chi^2 = $
24.56,df $= 5$, $\chi^2/df = 4.912$,CFI $= 0.95$,NNFI $= 0.90$,RMSEA $= 0.166$。

每组量表下方的指标参数由独立模型验证性因子分析得到。

每个独立指标下约束和未约束模型是相关指标同交易成本相关维度的共同方法偏差的检测指标，$\Delta\chi^2$ 显著增大，说明两个指标之间能够有效区分，因而共同方法偏差对于变量间关系的影响不是非常明显。

三、制度支持

我们进一步对各控制变量进行验证性因子分析，以说明相关量表是否适用于进一步的分析。在分析之前，首先对制度支持各控制变量进行内在一致性检验，结果如表 5-32 所示，各测量指标均满足信度指标要求，通过了信度检验，说明变量测度的一致性良好。

表 5-32　制度支持的信度分析结果（$N=143$）（非平衡）

变量题项	均值	标准差	题项－总体相关系数	删除该题项后的信度系数	Cronbach's α
制度_政策和项目	4.71	1.735	0.6062	0.8112	0.8320
制度_信息和技术	4.49	1.788	0.7491	0.7472	
制度_资金支持	4.09	1.772	0.6696	0.7838	
制度_获取许可	4.32	1.882	0.6224	0.8062	

控制变量的验证性因子分析的相关结果如表 5-33 所示，由表 5-33 可知，χ^2/df 为 3.095，小于 5，CFI 和 NNFI 分别为 0.98 和 0.95，RMSEA 为 0.121，大于 0.1，但同时各个测量指标的系数均在 0.000 的显著性程度上显著。因此，虽然 RMSEA 略大，但本书仍然认为这一量表能够有效测度制度支持的概念，采用这一量表得到的数据分析是有效的。

表 5-33　制度支持测度量表拟合程度分析结果（$N=143$）（非平衡）

变量题项	标准化系数	t	p
制度_政策和项目	0.69	8.74	0.000
制度_信息和技术	0.87	11.88	0.000
制度_资金支持	0.75	9.74	0.000
制度_获取许可	0.67	8.42	0.000

注：数据分析采用了 Lisrel 8.7 软件，相关系数矩阵采用 Stata 10.0 软件的 corr 命令获得。$\chi^2=6.19$，df = 2，$\chi^2/df=3.095$，CFI = 0.98，NNFI = 0.95，RMSEA = 0.121。

每组量表下方的指标参数由独立模型验证性因子分析得到。

第六章

交易成本对包容性发展促进机制的实证分析

本章主要利用 SPSS11.5 软件,在效度分析和信度分析的基础上,对变量进行描述性统计、相关分析以及分层回归分析等,并最终依据统计分析的结果检验理论模型的相关假设。

第一节 变量的描述性统计

在进行回归分析之前,首先对各变量进行描述性统计和相关分析,旨在分析各变量的基本统计特征,并初步判断各变量之间的相互关系及多重共线性问题。表 6-1 提供了各主要变量的相关系数矩阵,给出了各变量的均值和标准差,以及两两变量间的相关系数。

从各变量的相关系数来看,交易成本的各指标体系与社会包容性感知的 3 个维度之间存在显著的相关关系,而大部分自变量之间的相关系数小于 0.35,这说明自变量之间不存在显著的多重共线性问题。考察自变量与控制变量之间的关系可以发现,控制变量与各自变量之间的相关系数大多不显著,而且系数相对较小。这说明控制变量不会与自变量产生多重共线性,而且控制变量之间也不会出现这一问题。包容性感知各个维度之间的相互关系表明,机会包容、规则包容和交互包容与分享包容存在显著相关关系,但相关系数不明显大于 0.35。作为因变量,分享包容本身可能受到机会包容、规则包容及交互包容的影响;但作为自变量,这 4 个变量之间可能不会产生严重的共线性。

两两变量间的相关系数虽然说明它们之间存在相关关系,但并不能说明这些变量之间存在明确的因果关系以及相互之间的作用强度。变量之间的两两相关并不能有效排除来自其他变量的影响,因此有必要通过控制变量对变量之间的关系进行回归分析。

表6-1 变量的描述性统计

变量	均值	标准差	性别	教育	年龄	收入	经验	硬性专用	软性专用	信息对称	信任气氛	交易频率	制度支持	机会包容	规则包容	交互包容	分享包容
性别	0.57	0.50															
教育	12.38	3.11	-0.05														
年龄	28.43	8.58	-0.21**	-0.25***													
收入	238.63	348.16	-0.23**	0.17*	-0.13												
经验	6.23	4.90	-0.08	-0.04	0.20**	0.29***											
硬性专用	4.72	1.54	0.05	0.12+	-0.11	-0.10	-0.12	0.7485									
软性专用	4.32	1.31	-0.03	0.08	-0.15*	0.10	-0.14+	0.53***	0.7566								
信息对称	4.69	1.28	-0.03	0.09	-0.11	0.03	-0.09	0.41***	0.54***	0.7547							
信任气氛	5.27	1.02	0.09	0.21***	0.02	0.06	-0.08	0.28***	0.30***	0.41***	0.7968						
交易频率	3.95	1.66	-0.21***	0.18**	-0.17**	-0.03	-0.05	0.17*	0.20*	0.22***	0.24***	0.7708					
制度支持	4.40	1.46	0.02	0.05	-0.11	0.02	-0.05	0.22**	0.39***	0.43***	0.45***	0.31***	0.8320				
机会包容	4.84	1.16	0.05	0.06	-0.05	0.05	0.02	0.31***	0.21**	0.36***	0.33***	0.17*	0.35***	0.7996			
规则包容	4.79	1.21	-0.01	0.03	0.16**	0.00	0.01	0.23***	0.22**	0.25***	0.41***	0.11	0.28***	0.65***	0.7445		
交互包容	4.08	1.33	0.07	0.17**	-0.12	0.01	-0.08	-0.01	0.17*	0.25**	0.24***	0.31***	0.52***	0.33***	0.29***	0.7622	
分享包容	4.72	1.29	-0.04	0.02	0.07	-0.22**	0.02	0.21**	0.23***	0.23***	0.29***	0.12	0.32***	0.56***	0.43***	0.19***	0.8669

注：*** 表示 $p<0.01$，** 表示 $p<0.05$，* 表示 $p<0.1$，+ 表示 $p<0.15$。加黑体的数据为第二轮量表表得数据的信度。

一、回归中的问题检验

为保证多元线性回归最终的结论能够具有较高的科学性，需要考察模型和变量本身是否存在三大问题，即多重共线性、序列相关和异方差；在不存在这些问题的前提下，回归模型的结果才具有稳定性和可靠性（马庆国，2002）。不过由于序列相关主要针对时序数据，截面数据不存在也无须做序列相关检验，因此本书并未做详细的分析。

（一）多重共线性检验

多重共线性主要指解释变量（包括控制变量）之间存在严重的线性相关，即多个变量有共同的变化趋势，在 SPSS 软件中通常用方差膨胀因子（variance inflation factor，VIF）来判断（马庆国，2002）。一般来说，若 $0 < VIF < 10$，则不存在多重共线性；若 $10 \leqslant VIF < 100$，则存在较强的多重共线性；若 $VIF \geqslant 100$，则存在严重多重共线性。

在研究过程中，尤其是在做调节效应的时候，需要通过中心化处理消除多重共线性。本章经过中心化处理后的数据模型得到的 VIF 显著小于 10，基本在 1.6 左右，多元回归中的 VIF 也相对较小，显著小于 10。因此，所有的回归模型的变量不存在多重共线性。

（二）异方差问题检验

异方差问题是指随着解释变量的变化，被解释变量的方差存在明显的变化趋势（不具有常数方差的特征），通常可用散点图进行判断（马庆国，2002）。以标准化预测值为横轴，以标准化残差为纵轴，进行残差项的散点图分析，若散点分布呈现无序状态，则认为不存在异方差。

经检验，各模型的散点图均呈无序状，可以判定各模型均不存在异方差。

（三）共同方法偏差问题检验

数据的收集主要依赖主观打分，这是因为社会包容度、社会满意度是一种相对主观的感受，这种感受无法采用客观数据来直接衡量。在这种情况下,个体这种主观感受无法通过其他人的直接观察来测量,因此也无法通过其他个体的主观打分来获取,需要全部通过个体主观打分的形式实现,但这样容易出现的一个问题就是共同方法偏差。检验共同方法偏差,可以通过验证性因子分析测量自变量和因变量是不是能够很好地聚合到一起。在验证性因子分析中,本书展示了将自变量和因变量作为一个变量以及作为多个独立变量区分后得到的 $\Delta\chi^2$,结果显示,$\Delta\chi^2$ 相对较大,并且高度显著,说明各个变量之间能够有效区分,共同方法偏差问题并不严重,分析的结果不会受到很大影响。

第二节　交易成本对包容性发展的促进机制分析

本书通过回归分析方法验证交易成本对包容性发展促进机制的假设,由于包容性测度被划分为 3 个维度、4 个变量,因此依据假设,我们利用 16 个模型来验证最初的假设。表 6-2 和表 6-3 给出了分析结果,在这 16 个模型中,因变量包括机会包容、规则包容、交互包容以及分享包容,自变量包括信息对称、信任气氛、资产专用性(硬性专用和软性专用)以及交易频率等,控制变量包括被研究个体本身的特征,如性别、教育、年龄、收入(公司或者店面本身的经营收入)、经验、制度支持等。

表 6-2　交易成本与包容性发展标准化回归模型 1

变量		机会包容					参与_规则包容			
		N = 143(非平衡样本被自动剔除)					N = 143(非平衡样本被自动剔除)			
		M1	M2	M3	M4	M5	M6	M7	M8	M9
控制变量	性别	0.031	-0.019	-0.021	-0.056	0.029	0.031	-0.007	-0.096	0.02
	教育	0.011	-0.017	-0.023	-0.019	-0.005	0.123	0.101	0.081	0.113
	年龄	0.031	0.023	0.042	-0.071	-0.005	0.391***	0.377***	0.256**	0.357***
	收入	0.048	0.077	0.075	0.000	0.055	0.038	0.047	-0.039	0.039
	经验	0.014	0.042	0.043	0.072	0.033	-0.090	-0.064	0.000	-0.066
	制度支持	0.336***	0.402***	0.411***	0.397***	0.467***	0.269**	0.339**	0.229*	0.400***

续表

变量		机会包容 $N=143$（非平衡样本被自动剔除）					参与_规则包容 $N=143$（非平衡样本被自动剔除）			
		M1	M2	M3	M4	M5	M6	M7	M8	M9
主效应	信息对称	0.342***					0.334*			
	硬性专用		0.393***	0.388***				0.235*		
	软性专用		0.029	0.061				0.089		
	硬性专用*			-0.057						
	软性专用*			-0.030						
	信任气氛				0.221*				0.424***	
	交易频率					0.131				0.106
常数项		4.918***	4.964***	4.956***	4.908***	4.905***	3.605***	4.865***	4.821***	4.826***
R^2		0.237	0.275	0.278	0.197	0.187	0.216	0.205	0.239	0.167
调整 R^2		0.181	0.214	0.201	0.139	0.128	0.159	0.137	0.183	0.106
F		4.262	4.498	3.586	3.367	3.177	3.749	3.027	4.254	2.75
df		(7,96)	(8,95)	(10,93)	(7,96)	(7,97)	(7,95)	(8,94)	(7,95)	(7,96)
$p(F)$		0.000	0.000	0.000	0.000	0.005	0.001	0.005	0.000	0.012

注：*表示 $p<0.1$，**表示 $p<0.05$，***表示 $p<0.01$。

表6-3 交易成本与包容性发展标准化回归模型2

变量		参与_交互包容 $N=143$（非平衡样本被自动剔除）				分享包容 $N=143$（非平衡样本被自动剔除）		
		M10	M11	M12	M13	M14	M15	M16
控制变量	性别	0.035	0.034	0.020	0.088	-0.082	-0.100	-0.176
	教育	0.245**	0.252**	0.240**	0.226**	0.066	0.047	0.031
	年龄	-0.082	-0.106	-0.097	-0.019	0.074	0.091	-0.029
	收入	-0.037	-0.049	-0.045	-0.003	-0.362***	-0.360***	-0.416***
	经验	-0.032	-0.030	-0.022	-0.023	0.116	0.135	0.179
	制度支持	0.679***	0.734***	0.679***	0.613***	0.358***	0.350***	0.371**
主效应	信息对称	0.044				0.292**		
	硬性专用		-0.109				0.190+	
	软性专用		-0.023				0.230+	
	信任气氛			0.044				0.272**
	交易频率				0.308**			
常数项		4.187***	4.169***	4.185***	4.193***	4.801***	4.834***	4.793***
R^2		0.333	0.340	0.333	0.375	0.238	0.259	0.229
调整 R^2		0.284	0.283	0.284	0.330	0.182	0.197	0.172
F		6.789	6.044	6.786	8.243	4.281	4.160	4.064
df		(7,95)	(8,92)	(7,95)	(7,96)	(7,96)	(8,95)	(7,96)
p		0.000	0.000	0.000	0.000	0.000	0.000	0.001

注：*表示 $p<0.15$，**表示 $p<0.05$，***表示 $p<0.01$。

一、信息对称与包容性发展

表6-2 中 M1 和 M6 分别提供了信息对称与机会包容以及参与_规则包容之间关系的分析结果，表6-3 中 M10 和 M14 分别提供了信息对称与

参与_交互包容以及分享包容之间关系的分析结果。在 M1、M6 以及 M14 中,信息对称的回归系数均显著[M1 中回归系数为 0.342($p < 0.01$),M6 中回归系数为 0.334($p < 0.10$),M14 中回归系数为 0.292($p < 0.05$)],这意味着随着信息对称度的提升,个体的参与包容感知得到显著增强 (M14),而参与_规则包容以及分享包容感知会随着信息对称度的提升而增强(M6、M14)。M10 中信息对称的回归系数并不显著[回归系数为 0.044($p > 0.15$)],说明信息对称与参与_交互包容并不存在显著的因果关系。因此,信息对称对于包容性发展的显著作用得到了部分验证支持。

二、资产专用性与包容性发展

表 6-2 中 M2、M3 和 M7 分别提供了资产专用性(硬性资产、软性资产)与机会包容以及参与_规则包容之间关系的分析结果,表 6-3 中 M11 和 M15 分别提供了资产专用性(硬性资产、软性资产)与参与_交互包容以及分享包容之间关系的分析结果。在 M2、M3 和 M7 中,资产专用性及其平方项的回归系数中均只有资产专用性的硬性资产本身的回归系数显著[M2 中硬性资产专用性的回归系数为 0.393($p < 0.01$),M3 中硬性资产专用性的回归系数为 0.388($p < 0.01$),M7 中性硬资产专用性的回归系数为 0.235($p < 0.10$)],而资产专用性平方项的回归系数均不显著[M2 中软性资产专用性的回归系数为 0.029($p > 0.15$),M3 中软性资产专用性的回归系数为 0.061($p > 0.15$),M7 中软性资产专用性的回归系数为 0.089($p > 0.15$)];M2 中硬性资产和软性资产专用性平方项的回归系数分别为 −0.057($p > 0.15$)和 −0.03($p > 0.15$),这说明硬性资产专用性高的企业或者个体会拥有更强的对机会包容以及参与_规则包容的感知。

对表 6-3 的分析表明,资产专用性只对分享包容产生影响,而不会对参与_交互包容产生显著的影响。在 M11 中,资产专用性的回归系数均不显著[硬性资产专用性的回归系数为 −0.109($p > 0.15$),软性资产专用性的回归系数为 −0.023($p > 0.15$)],而在 M15 中资产专用性的回归系数均在 0.15 的水平上显著[硬性资产专用性的回归系数为 0.190($p < 0.15$),软性资产

专用性的回归系数为 0.230($p<0.15$)]。这说明资产专用性的改变对参与_交互包容不存在显著影响,但对于最终的分享包容可能存在直接的正向效用。因此,资产专用性对包容性发展的作用机制也只有部分得到了验证。

三、信任气氛与包容性发展

表6-2 中 M4 和 M8 分别提供了信任气氛与机会包容以及参与_规则包容之间关系的分析结果,而表6-3 中 M12 和 M16 分别提供了信任气氛与参与_交互包容以及分享包容之间关系的分析结果。在 M4、M8 和 M16 中,信任气氛的回归系数均显著[M4 中信任气氛的回归系数为 0.221($p<0.10$),M8 中信任气氛的回归系数为 0.424($p<0.01$),M16 中信任气氛的回归系数为0.272($p<0.01$)],这意味着信任气氛对提升个体在机会包容、参与_规则包容以及分享包容感知中存在正向的影响。M12 中信任气氛的回归系数并不显著[回归系数为 0.044($p>0.15$)],这说明信任气氛与参与_交互包容并不存在显著的因果关系,因此信任气氛对包容性发展的作用存在显著影响。

四、交易频率与包容性发展

表6-2 中 M5 和 M9 分别提供了交易频率与机会包容以及参与_规则包容之间关系的分析结果,表6-3 中 M13 提供了交易频率与参与_交互包容之间关系的分析结果。在 M5 和 M9 中,交易频率对各因变量的回归系数均不显著[M5 中交易频率的回归系数为 0.131($p>0.15$),M9 中交易频率的回归系数为0.106($p>0.15$)],这意味着交易频率与机会包容、参与_规则包容不存在显著的关系,这意味着本书假设 3.4.1 未得到验证。而从表6-3 中 M13 的分析结果看,交易频率的回归系数在 0.05 的显著性程度上显著(回归系数为 0.308),这说明交易频率与参与_交互包容存在显著的正向关系。因此,交易频率对于包容性发展的作用也得到了部分验证。

第三节　讨论

我们在最初探索性案例的基础上，通过大样本统计分析，验证了交易成本对包容性发展的作用机制，而包容性发展本身又将对个体社会满意度的感知产生影响，进一步的细化分析表明，收入会直接影响机会包容、参与包容对于分享包容的作用，同时也会影响分享包容对于社会满意度的作用，即相比于高收入群体，强化低收入群体的机会包容、参与_规则包容感知会对社会满意度的提升有更加明显的效果。

一、信息对称与包容性发展

我们在探索性案例的基础上，通过大样本调研的方法，分析了交易成本即信息对称、资产专用性、信任气氛及交易频率对于包容性发展，即机会包容、参与包容以及分享包容的作用机制。总的来讲，大样本的实证分析基本支撑了我们的研究假设，即在理论和实践的角度都证实了交易成本的改变对包容性发展有影响，这不仅仅解释了包容性发展的促进机制，同时还可以为国家经济进一步的发展提供一定的理论支持。从理论分析的角度来讲，交易成本可能成为国家包容性发展的重要变量，成为国家经济发展的重要动力。

从分析的结果来看，在一个有效信息透明度不够的情况下，外部环境可能对生产交易产生负面的影响，这是一个值得进一步思考的问题，对于这一问题的分析，一方面能给予我们关于现实信息技术发展的更多重要的认知，另一方面也提醒我们对于每项技术的发展都要考虑其可能带来的负面影响。研究过程也让我们认识到每个研究问题本身所刻画的概念的精确程度对于研究最终结果的影响，每个现象背后都可能存在着每个人不同的理解。对于研究者来讲，如何更好地利用由实践得到的理论来解释其与本身研究设定的理论差异，将能更好地将实践与理论相结合。信息对称度的提升还将有利于个体对于参与_规则包容以及分享包容的认知,事实上,对于参与_规则包容,可以从个体对交易规则的理解以及政策制定方与市场参与方的不断互动进行理解。在一个信息相对对称的行业内部,竞争可能主要基于正当的能力,而利用寻租等不正当行为进行竞争的可能性较小。对于政策制定者来讲,在信息足够对称的情况下,他们总能够获取行业内各生产者的基本信息以及在相应的竞争环境下的竞争信息,同时也可能实现外部独立机构的监督,这就可能造就一个相对公平、公正的竞争生态系统,因此信息对称度的提升对于生产系统包容性竞争规则的建立必然具有直接的推动价值。而由于信息对称度的提升,生产系统内部各种竞争者可能也将获得更加有效的资源投入,以及更加合理的资源配置渠道,尤其是在信息技术相对发达的今天,可以直接通过网络来搜寻资源,而比价系统只有在本身具有专业性技能的情况下,以及在一个重复博弈(即采购商及生产商可能建立长期合作关系)的背景下,能够大大地降低这种非完全信息对称所带来的损失。因此,信息对称度的提升能够最大化生产者本身的资源投入效率,提升个体的分享包容度。

需要注意的是,信息对称对于分享包容以及机会包容的作用机制是存在差异的。对于分享包容其直接作用群体是需要在短期内进行重复博弈的生产商,而需求却来自消费者,对于这样一个不存在足够的专业技能以及短期内没有重复博弈的群体,受到逆向选择影响的概率要高得多,因此,在短期内可能会导致生产者受到更大的外部竞争压力。但对于参与的交互包容度来讲,信息对称度的提升并未有效地增大其影响,事实上,由于交互个体的有限性,对于市场中的众多参与者来讲,其可能无法获得与各个利益相关者交流的机会。另外,由于信息对称度高,基本信息可以通过相关的网络、电子信息平台等获得,这就限制了个体直接与各利益相关者交流的可能性,因此信息对称度的提升不会对个体和政府等利益相关者的交流产生影响。

这些分析结果在一定程度上说明,要进行有效的市场运作,有必要提升市场本身的信息透明度,一个相对开放透明的市场体系将最大限度地提升市场内部各竞争者的效率,也可能为将来市场的发展提供一个可能的利基市场,即构建完全信息对称的市场体系,如在网络上构建起质量、价格同步对比的产品对比系统。当然对于政府及非政府机构来讲,如何降低市场在提升信息对称度上的成本可能成为决定地区甚至国家最终竞争力的基础。

二、信任气氛与包容性发展

信任气氛水平的提升将能够有效地提升个体的机会包容度。事实上,对于处于一个生产系统中的企业或者生产者来讲,有效的信任体系是企业长期发展的关键。对于大多数的企业来讲,长期合作是个体间建立有效信任的一种方式。通常来讲,老客户的订单量可能会占到其整个生产系统产出总量的60%左右,而通过口碑等方式的传播也是其构建良好的生产销售系统的有效手段,因此,在一个具有相对较高信任度的生产系统内,个体可能更加容易地获得与其他厂商合作的机会,这也解释了为什么很多厂商愿意在生产合作的初期以做口碑代替生产利润。

与此同时,在一个信任度较高的生产系统内,建立相互信任的关系需要双方在初期投入各种资源,以保证生产的产品能够符合双方的利益要求,即这种系统建立的本身意味着,系统内部运行规则是具有高度的包容性的,尤其是在竞争强度大的行业内,在合作方很容易转换的情况下,信任气氛水平相对较高的系统通常意味着这一系统本身具有保证包容性的运行规则,必然地,在这样一个系统内,生产方、采购方或者消费方必然是能够获得本身所期望的利益才可能建立相应的合作体系,因此,这样的系统通常具有较高的分享包容度。但对于信任气氛和交互包容来讲,由于本身测度量表所测度的内容以及信任行为本身发生的对象之间存在差异,这种不显著可能由系统本身所导致,事实上,个体与采购商或者分销商之间的信任只可能促进交流以及信息分享。这意味着对于生产系统中的个体来讲,有必要通过各种方法建立有效的合作系统,这种合作系统对于企业在高度竞争的系统内提升长期的竞争力是必不可少的。对于政府或者非政府机构来讲,通过各种手段降低市场内部各类生产者建立生产系统的成本耗费,将最大限度地强化个体对于社会包容度的认知。这不仅仅有利于社会经济的发展,同时也能更加有效地建立一个公平、公正的生产系统以及维持社会发展的稳定。

三、资产专用性与包容性发展

资产专用性对于机会包容存在一定的正向作用,事实上,最初的假设认为,在现实世界中可能存在由资产专用性过高引起的成本与收益不成正比的可能,但现实并非如此,一个企业愿意在这一领域投入资产,并且能够很好地运作说明具有市场支撑性,至少其本身在投入时可能面临巨大的外部市场诱惑,从而迫使其做出决定,事实上我们的研究结论也证实了这种可能性,资产专用性太强并不会导致市场的萎缩。另外,对于一个资产专用性相对较高的个体来讲,其可能接触到的社会资源以及本身所能获得的资源相对于其他企业来讲较多,因此,这将有利于其本身在这一领域的发展以及构建良好的产品信用体系。事实上,这在一定程度上说明了为什么软性资产专用性的高低并不会影响最终的机会包容度,因为对于采购商或者生产商来讲,其采购通常基于价格、质量比,高资产专用性设备的价值在人力资本价格不断提升的情况下更加容易得到体现,并且其本身的产品质量也相对更高。

资产专用性本身还将推动一个相对合理的生产系统的建立,资产专用性相对较强的企业在生产系统中的竞争力可能较强,这就使得其本身具有相对较好的议价能力,甚至最终能够参与生产系统的规则制定,即使这种规则不存在偏向性,也会使其处在一个相对公平的生产环境中。而软性资产专用性可能由于消费者本身选择基础的影响,这种培育性投入只可能带来更多的损失,而不会产生任何积极的影响。此外,资产专用性的提升会直接带来最终的分享的改变,如硬性资产专用性高的个体通常具有更高的生产效率和更好的产品质量,这使得它们在市场上不仅具有更强的竞争能力,同时还可能具有更好的议价能力,从而提升资源的最终收益。提升企业本身的硬性资产专用性是赢得市场竞争的一个必要条件,而软性资产专用性最大的价值可能来源于同等产品质量情况下最大限度地降低其他同类产品竞争带来的影响。对于市场管理者或者竞争系统的构建者来讲,降低竞争企业在生产系统中提升资产专用性的交易成本,将是提升市场运作效率以及区域内部市场竞争力的重要手段。而对于这些管理者来讲,如何有效地降低运作系统的交易成本可以参考本章探索性案例的研究结果。

四、交易频率与包容性发展

交易频率对个体获取外部资源和生产机会的影响并不直接,也并不显著。从理论上讲,较高交易频率可能意味着交易者之间具有较多的交易次数,从而带来更稳定的信任体系,但事实上,在市场系统内部,通常大部分客户在与现有的生产厂家确立关系时只需见一次面,在保证了相应产品的质量之后,未来可以通过其他各种渠道实现交易。同时,交易频率的提升并不一定有利于其最终的生产信息获取,或者优化其对于生产系统本身是否有利于个体获取生产机会的认知。不过,我们对于这一结论仍然保持一定的怀疑,虽然在实证中统计分析并未有效地验证本章的假设,但我们从理论上仍然认为交易频率本身可能对机会认知存在正向的影响,交易频率意味着其本身获取外部客户资源的能力。不过对于政策制定者来讲,最直接的价值体现是尽量地降低市场参与者每次市场交易的响应成本,如通信成本或者交通、采购成本,这无疑对于社会生产系统竞争力的提升具有重要的价值,尤其是对于物流系统的发展等,将最大限度地提升每次交易过程中的资源消耗效率,减少生产中的资源投入,提升生产系统的竞争力。

第四节 小结

本章在第三章和第四章理论开发的基础上,通过分层回归分析进一步验证了相关的理论假设。总的来讲,交易成本的降低对包容性发展存在积极的促进作用,虽然信息对称、信任气氛、资产专用性以及交易频率本身对于包容性发展的作用机制存在很大差别,但其对于包容性发展的促进作用是显著的。在外部制度环境、个体能力一致的情况下,交易成本越低的社会系统内部的社会包容性可能会越高,即单位交易成本利用效率的提升会强化个体对于社会包容性的认知。通过有效地改变交易成本的利用效率,形塑一个具备包容性的经济生产系统,这个经济生产系统也将影响具备包容性的社会系统的建立。

第七章

结论与展望

第一节 主要结论

本书从现实发展需求入手,深入分析了包容性发展的概念维度以及交易成本视角下的促进机制,理解了如何降低交易成本以及交易成本是如何促进包容性发展的,解释了市场和政策是如何促进包容性市场系统构建的,同时以交易成本理论为基础,解释了共同愿景、竞争能力、合法性以及外部显著性特征的改变如何推动包容性市场系统的构建。总的来讲,本书揭示了交易成本的改变如何影响市场系统包容性,并最终形成和推动包容性,市场系统的构建。具体而言,本书的主要结论包括以下几个方面。

一、降低交易成本以提升市场系统包容性

在本书的理论框架下,降低交易成本能够提升市场系统包容性。案例分析的结果显示,信息对称度的提升能够促进参与包容、分享包容和机会包容,一方面能够促进个体外部信号的发送,另一方面能够推进个体议价能力的提升,从而促进一个更加公平的竞争系统的建立。信任气氛的提升可以有效促进机会包容、参与包容以及分享包容,硬资产专用性的提升对于机会包容存在促进作用,对于参与包容和分享包容也都存在正向的影响,交易频率对于机会包容、参与包容都存在一定的正向影响。

研究结论表明,对于个体来讲,所处环境的信息对称度、外部信任气氛、本身所拥有的资产专用性、每次交易带来的直接耗费将影响所处环境的包容性,并进一步影响个体对于社会包容性的感知。对于经济体来讲,如何有效地降低并优化外部因素成本是每个企业所需要考虑的。这一作用方式的研究有助于理解社会经济政策调控、国家外部环境的变化对经济发展运行的影响,使得我们得以理解在一个信息对称度不断提升、生产配套系统不断完善的系统领域内,创业者本身的发展会有什么样的改变。对于现实的生

产者来讲,改变企业本身的特性或者产品的特性,可以有效地实现在机会获取、参与和成果分享上的发展。而政策制定者则可能从如何改变企业运行的交易成本角度来思考,以实现经济发展中的职能。

二、改变个体的环境特性、产品特性以及企业特性可以降低个体的交易成本

事实上,对于改变交易成本的价值的认识有赖于个体对于政府等政策制定机构的认识,如果将其视作市场的引导者和外在形塑者,那么交易成本无疑承担着最为重要的角色。本书更倾向于将政府等政策制定者作为一个市场环境的塑造者及发展的引导者来看待,这使得交易成本在国家、地区之间的竞争中起到了决定性的作用,交易成本将决定这一生产系统中个体的外部竞争和生存能力。

具体来讲,对于缺乏信息对称认知的个体,如从企业个体层面来考虑,改变企业特性、产品特性如生产流程的标准化将有助于改变企业之间的信息对称度,但从政府角度来讲,改变环境特性如加强区域品牌的宣传以及基础设施的建设,即使企业的特性不是非常明显,外部也可能对于地区整体概况存在一定的了解,同时提升外部对于产品的信任程度。当然,还有更多其他方面的作用机制有待进一步发掘。

三、降低交易成本以提升市场系统包容性的关键在于建立市场系统的共同价值观以及提升系统的竞争能力、合法性和市场系统的特征显著性

相对于一个高交易成本的市场系统的构建,一个低交易成本的市场系统的构建在各方面都存在一定的优势,而这些优势可以概括为市场系统存在的共同价值观、市场系统本身的竞争能力、合法性以及市场系统的特征显著性。正是这些特征推动了一个包容性市场系统的构建,相比于传统的市场系统而言,包容性市场系统中的显著性特征能够有效地提升企业在市场系统中的运行效率和效益,更为重要的是,这些特征的改变能够有效地推动

创业群体在市场系统中创业的成功,这就为理解如何构建一个包容性市场系统提供了必要的理论基础。

具体而言,信息对称在改变机会包容方面,能改变机会资源的分配模式,使得机会资源向最优竞争能力的个体转移,促进机会资源的优化配置,并且还能改变机会的来源模式和企业以及相关利益者之间的合作、竞争模式。在参与包容上,信息对称度的提升首先能促进生产交互,其次能改变地区内部生产竞争的配套体系,提升系统整体的福利水平,再次还将促进生产竞争系统内部竞争模式的规范化,提升企业之间的信任程度,形成共同利益基础,最后还将改变竞争的规则制定方式。在分享包容上,信息对称度的提升首先可能改变在位生产企业的议价能力、规则挑战能力,其次可以促进个体依据本身所获得的信息进行合理的投入,使得个体在投入的过程中能够尽量减少损耗。

信任能够改变市场系统包容性,主要源于其能够改变机会包容。首先,机会包容有利于构建共赢的经济生产系统,推动个体间合作;其次,企业间的竞争与合作有利于提升区域的合法性,通过构建良好的竞争与合作体系实现社会效益最大化;最后,信任气氛的实现有利于个体获得外部资源,尤其是金融和短缺型的原材料资源。在参与包容方面,首先,良好的竞争氛围有利于推动企业之间的交互、信息交流,改变企业之间信息交流的机制,强化个体对于竞争系统包容性的认知;其次,良好的竞争氛围能提升系统的合法性,促进更多的外部生产商、供应商加入生产系统,推动个体从外部供应商和合作者中获得必要的生产技术、前沿技术信息;最后,良好的竞争氛围能够推动大中小型企业共生的生态系统的建设,在资源相对稀缺的情况下,更有利于促进竞争性企业的合作。在分享包容方面,首先,良好的竞争氛围将改变生产系统内部的分享模式;其次,良好的气氛也有利于实现稀缺要素资源的价值分享,提升资源的利用效率,降低相应的成本,提升系统稳定性,同时减少相应的进入风险。

资产专用性的提升能减少个体进入生产系统的进入壁垒以及提升产品技术竞争力,而过高的资产专用性,由于沉没成本的存在以及采购商出于质量、成本平衡的考虑，可能给企业带来更高的损耗，而不能带来更多的外部机会，即出现"先行陷阱"。在参与包容方面，首先，资产专用性的提升将有助于企业在生产系统竞争中同外部的交流、信息获取，提升其在生产中的议价能力，同时能促进企业参与生产竞争规则的制定，提升相应竞争规则的伦理性、道德性；其次，资产专用性的提升能促进企业在本身构建的生产系统中占据主动权，有效地从其他合作者中获得互补性的资源；最后，资产专用性高的企业通常拥有更好的政策反映渠道以及规则制定渠道，规则制定为企业带来了更多的责任以及发挥能力的空间。在分享包容方面，受到资产专用性带来的议价能力以及话语权改变的影响，资产专用性的改变会影响政企之间和企业之间的分配模式的改变，如国家政策的补贴等。

交易频率的提升所带来的机会的改变可以体现为，在提升交易频率的过程中增加了外部市场机会的接触可能性，促进企业之间形成相互依赖的信息沟通渠道，并且更可能有利于企业获取外部技术以及与生产相关的关键性资源。在参与包容方面，交易频率会影响企业信息获取和资源获取的方式及其可获得性，改变管理阶层信息显著性及其对竞争对手和合作者的认知，并最终影响企业在市场上的竞争方式。

第二节　实践启示

一、对企业发展支持性机构的启示

对于那些为企业提供发展必要资源的支持性的机构来讲，如何构建市场需求，即各类企业的需求，是本书提供的实践启示之一。事实上，个体所处的生产系统总是会缺乏各类资源，这可能导致资源在生产竞争中的交易成本更高。在这样的情况下，分析市场中缺乏的资源要素，对于这些支持性机构具有非常直接的市场价值。如在发展的过程中，不同类型的企业可能缺乏足够的信息对称度，这些支持性机构可以通过建立公共交易平台以促进企业之间的信息对称。如果这种信息对称是局部的,那么可以进一步地开发出能够推动整体信息对称的系统。如比价系统的出现仅仅提供了必要的价格对比,不能有效地展现产品质量的差别,在这样的情况下,利益相关者可以通过开发质量对比的系统以完善这一生产竞争系统,满足消费者、生产者等多方的需求。再如企业可能缺乏足够的资源要素以提升本身产品生产设备的资产专用性,那么支持性机构建立公共租赁的市场可以满足多方的需求,这对于社会实践具有直接的指导价值。

二、对企业发展运营的启示

对于企业本身的运营来讲,在经济发展过程中,如何保证合作双方的共同利益,推进利益相关者在生产竞争中贡献利益,将促进个体长期持续竞争力的形成。这意味着对于企业来讲,未来的竞争已经不仅仅是个体的竞争,还是利益链的竞争,如何形成相对高效的利益链不仅仅取决于个体的能力,还取决于完善的沟通系统以及相对合理的利益分配系统。

企业可以分析本身存在的问题,通过改变个体所处的生产环境以及竞争环境来减少发展中的相关问题。如果社会生产系统内缺乏足够的相互信任度,那么建立相应的信息沟通平台,将能有效地提升企业直接的信任度,减少缺乏信任而带来的相关资源的投入。

参考文献

[1]Aitken B J, Harrison A E, 1999. Do domestic firms benefit from direct foreign investment? Evidence from Venezuela[J]. The American Economic Review(3):605-618.

[2]Ali I, Son H, 2007. Measuring inclusive growth[J]. Asian Development Review(1): 11-31.

[3]Anand J, Delios A, 1997. Location specificity and the transferability of downstream assets to foreign subsidiaries [J]. Journal of International Business Studies(3):579-603.

[4]Arthur J B, Huntley C L, 2005. Ramping up the organizational learning curve: Assessing the impact of deliberate learning on organizational performance under gainsharing[J]. Academy of Management Journal(6): 1159-1170.

[5]Bain J, 1956. Barriers to New Competition [M]. Cambridge: Harvard University Press.

[6]Bansel P, Roth K, 2000. Why companies go green: A model of ecological responsiveness[J]. Academy of Management Journal(4):717-736.

[7]Barney J B, 1991. Firm resource and sustained competitive advantage[J]. Journal of Management(1):99-120.

[8]Becker G, Murphy K, 1992. The division of labor, coordination costs, and knowledge[J]. Quarterly Journal of Economics(4):1137-1160.

[9]Bougrain F, Haudeville B, 2002. Innovation, collaboration and SMEs internal research capacities[J]. Research Policy(3):735-747.

[10]Christiaanse E, Venkatraman N, 2002. Beyond sabre: An empirical test of expertise exploitation in electronic channels[J]. MIS Quarterly(3):15-38.

[11]Clark K B, Fujimoto T, 1991. Product Development Performance[M]. Boston: Harvard Business School Press.

[12]Coff R W, 1999. When competitive advantage doesn't lead to performance: The resource based view and stakeholder bargaining power [J]. Organization Science(2):119-133.

[13]Emerson R M, 1962. Power dependence relations [J]. American Sociological Review(1):31-41.

[14]Fleisher B, Hu D H, Mcguire W, Zhang X B, 2010. The evolution of an industrial cluster in China[J]. China Economic Review(3):456-469.

[15]Fombrun C, Shanley M, 1990. What's in a name? Reputation building and corporate strategy[J]. Academy of Management Journal(2):233-258.

[16]Granovetter M, 1994. Business Groups[M]// Smelser N J, Swedberg R, The Handbook of Economic Sociology. Princeton: Princeton University Press, 453-475.

[17]Greenberg J, 1986. Determinants of perceived fairness of performance evaluations[J]. Journal of Applied Psychology(2):340-342.

[18]Gulati R, 1995. Does familiarity breed trust? The implications of repeated ties for contractual choice in alliances[J]. Academy of Management Journal (1):85-112.

[19]Hult G T M, Ketchen, Jr D J, Slater S F, 2005. Market orientation and performance: An integration of disparate approaches [J]. Strategic Management Journal(12):1173-1181.

[20]Inkpen A C, Beamish P W, 1997. Knowledge, bargaining power, and the instability of international joint ventures [J]. Academy of Management Review(1):177-202.

[21]Janssen O, 2001. Fairness perceptions as a moderator in the curvilinear relationships between job demands,and job performance and job satisfaction [J]. Academy of Management Journal(5):1039-1050.

[22] Key N, Runsten D, 1999. Contract farming, smallholders, and rural development in Latin America: The organization of agroprocessing firms and the scale of outgrower production[J]. World Development(2):381-401.

[23] King A, 2007. Cooperation between corporations and environmental groups: A transaction cost perspective [J]. Academy of Management Review(3):889-900.

[24] Klein S, Frazier G L, Roth V J, 1990. A transaction cost analysis model of channel integration in international markets [J]. Journal of Marketing Research(2):196-208.

[25] Kochhar R, 1996. Explaining firm capital structure: The role of agency theory vs. transaction cost economics[J]. Strategic Management Journal (9):713-728.

[26] Li H, Atuahene-Gima K, 2001. Product innovation strategy and the performance of new technology ventures in China [J]. Academy of Management Journal(6):1123-1134.

[27] Lipton M, 1977. Why Poor People Stay Poor: Urban Bias in World Development[M]. Cambridge: Harvard University Press.

[28] Long C, Zhang X B, 2011. Cluster-based industrialization in China: Financing and performance[J]. Journal of International Economics (1): 112-123.

[29] Makadok R, 2001. Toward a synthesis of the resource-based and dynamic-capability views of rent creation[J]. Strategic Management Journal (5): 387-401.

[30] McAllister D J, 1995. Affect and cognition-based trust as foundations for interpersonal cooperation in organizations [J]. Academy of Management Journal(1):24-59.

[31] Menz K M, Knioscheer H C, 1981. The location specificity problem in farming systems research[J]. Agricultural Systems(2):95-103.

[32]Nayyar P R, 1990. Information asymmetries: A source of competitive advantage for diversified service firms[J]. Strategic Management Journal (7):513-519.

[33]Nayyar P R, 1993. Performance effects of information asymmetry and economies of scope in diversified service firms [J]. The Academy of Management Journal(1):28-57.

[34]Nee V, 1990. Organizational dynamics of market transition: Hybrid forms, property rights, and mixed economy in China[J]. Administrative Science Quarterly(1):1-27.

[35]North D C, 1991. Structure and Change in Economic History[M]. New York: Norton.

[36]Oliver C, 1990. Determinants of interorganizational relationships: Integration and future directions[J]. Academy of Management Review(2): 241-265.

[37]Peace R, 2001. Social exclusion: A concept in need of definition[J]. Social Policy Journal of New Zealand(16):17-36.

[38]Porter M E, 2000. Locations, Clusters and Company Strategy [M]. Oxford:Oxford University Press.

[39]Pouder R, St John C H,1996. Hot spots and blind spots: Geographical clusters of firms and innovation[J]. Academy of Management Review(4): 1192-1225.

[40]Prahalad C K, 2005. The Fortune at the Bottom of the Pyramid: Eradicating Poverty through Profits [M]. New Delhi: Pearson Education/Wharton School Publishing.

[41]Rindfleisch A, Heide J B, 1997. Transaction cost analysis: Past, present, and future applications[J]. Journal of Marketing(4):30-54.

[42]Ruan J Q, Zhang X B, 2009. Finance and cluster-based industrial development in China[J]. Economic Development and Cultural Change

(1):143-164.

[43] Schmitz H, Nadvi K, 1999. Clustering and industrialization: Introduction [J]. World Development(9):1503-1514

[44] Schmitz H, 1995. Collective efficiency: Growth path for small-scale industry[J]. Journal of Development Studies(4):529-566.

[45] Sen A, 1992. Inequality Reexamined [M]. Oxford: Oxford University Press.

[46] Spence A M, 1974. Competitive and optimal responses to signals[J], Journal of Economic Theory(7):296-332.

[47] Teece D J, Pisano G, Shuen A, 1997. Dynamic capabilities and strategic management[J]. Strategic Management Journal(18):509-533.

[48] Vera D, Crossan M, 2005. Improvisation and innovative performance in teams[J]. Organization Science(3):203-224.

[49] Wernerfelt B, 1984. A resource-based view of the firm [J]. Strategic Management Journal(5):171-180.

[50] Williamson O E, 1985. The Economic Institutions of Capitalism[M]. New York: Free Press.

[51] Wolpert J D, 2002. Breaking out of the innovation box [J]. Harvard Business Review(8):77-83.

[52] Wu L, Yue X, Sim T, 2006. Supply clusters: A key to China's cost advantage[J]. Supply Chain Management Review(2):46-51.

[53] Zaheer A, Venkatraman N, 1994. Determinants of electronic integration in the insurance industry: An empirical test[J]. Management Science(5): 549-566.

[54] Zajac E J, Olsen C P, 1993. From transactional cost to transactional value analysis: Implication for study of interorganizational strategies[J]. Journal of Management Studies(1):131-145.

[55] 郭斌,刘曼路,2002. 民间金融与中小企业发展:对温州的实证分析[J].

经济研究(10):40-46.

[56]黄祖辉,张静,Kevin Chen,2009.交易费用与农户契约选择——来自浙冀两省15县30个村梨农调查的经验证据[J].管理世界(8):76-81.

[57]马庆国,2002.管理统计——数据获取、统计原理、SPSS工具与应用研究[M].北京:科学出版社.

[58]阮建青,张晓波,卫龙宝,2007.资本壁垒与产业集群——基于某省濮院羊毛衫产业的案例研究[J].经济学(季刊)(10):71-92.

[59]史晋川,金祥荣,赵伟,罗卫东,2001.体制变化和经济发展:温州模式[M].杭州:浙江大学出版社.

[60]汪伟,史晋川,2005.进入壁垒与民营企业的成长——吉利集团案例研究[J].管理世界(4):132-140.